吳太伯世家第一　史記三十一

索隱曰系家者記諸侯本系也言其下及子孫常有國故孟子曰陳仲子齊之系家又董仲舒曰王者封諸侯非官之也得以代代爲家者也

吳太伯 韋昭曰後武王追封爲吳伯故曰吳太伯。索隱曰國語云黃池之會晉定公使謂吳王夫差曰夫命圭有命固曰吳伯不曰吳王是吳本伯爵也范甯解論語曰太者善大之稱伯者長也周太王之元子故曰太伯稱仲雍季歷皆以字配名則伯亦是字又是爵但其名史籍先闕爾。正義曰吳國號也太伯居梅里在常州無錫去東南六十里至十九世孫壽夢居之號句吳壽夢卒諸樊南徙吳至二十一代孫光使子胥築闔閭城都之今蘇州也 **太伯弟仲雍** 索隱曰伯仲季是兄弟次第之字若表德之字意義與名相符則系本曰吳孰哉居藩籬宋衷曰孰哉仲雍字藩籬今吳之餘暨也解者云雍是孰食故曰雍字孰哉也 **皆周太王之子而王季歷之兄也季歷賢而有聖子昌太王欲立季歷以及昌於是太伯仲雍二人乃犇荊蠻文身斷髮示不可用** 應劭曰常在水中故斷其髮文其身以象龍子故不見傷害。正義曰江熙云太伯少弟季歷生文王昌有聖德太伯知其必有天下故欲傳國於季歷以太王病託採藥於吳越不及太王薨而季歷立一讓也季歷薨而文王立二讓也文王薨而武王立遂有天下三讓也又釋云太王病而託採藥生不事之禮一讓也太王薨而不反使季歷主喪不葬之以禮二讓也斷髮文身示不可用使歷主祭祀不祭之以禮三讓也 **以避季歷季歷果立是爲王季而昌爲文王太伯之犇荊蠻自號句吳** 宋衷曰句吳太伯始所居地名。索隱曰荊者楚之舊號以州而言之曰荊蠻者閩也南夷之名蠻亦稱越此言自號句吳吳名起於太伯明以前未有吳號地在楚越之界故稱荊蠻顏師古註漢書以吳言句者夷之發聲猶言於越耳此言號句吳當如顏解而註引宋衷以爲地名者系本居篇云孰哉居藩籬孰姑徙句吳宋氏見史記有太伯自號句吳之文遂彌縫解彼云是太伯始所居地名裴氏引之恐非其義藩籬既有其地勾吳何揔不知貞實吳人不聞別有城邑謂名勾吳則系本之文或難依信荆蠻義之從而歸之千餘家立爲吳太伯太伯卒皇覽曰太伯冢在吳縣北梅里聚去城十里無子弟仲雍立是爲吳仲雍仲雍卒索隱曰吳地記曰仲雍冢在吳鄉常孰縣西海虞山上與言偃冢並列子季簡立季簡卒子叔達立叔達卒子周章立是時周武王克殷求太伯仲雍之後得周章周章已君吳因而封之乃封周章弟虞仲於周之北故夏虛徐廣曰在河東太陽縣是爲虞仲索隱曰夏都安邑虞仲都太陽之虞城在安邑南故曰夏虛左傳曰太伯虞仲太王之昭則虞仲是太王之子必也又論語稱虞仲夷逸隱居放言是仲雍稱虞仲今周章之弟亦稱虞仲者蓋周章之弟字仲始封於虞故曰虞仲則仲雍本字仲而爲吳之始祖故後代亦稱虞仲所以祖與孫同號也列爲諸侯周章

史記吳太伯世家一　二

卒子熊遂立熊遂卒子柯相立正義曰柯音歌相音相匠反柯相卒子彊鳩夷立彊鳩夷卒子餘橋疑吾立正義橋音橋驕反餘橋疑吾卒子柯盧立柯盧卒子周繇立正義繇音遙又音由周繇卒子屈羽立正義屈居勿反屈羽卒子夷吾立夷吾卒子禽處立禽處卒子轉立索隱曰譙周古史考云柯轉轉卒子頗高立索隱曰古史考作頗夢頗高卒子句卑立索隱曰古史考云畢軫是時晉獻公滅周北虞公以開晉伐虢也索隱曰春秋經僖公五年冬晉人執虞公左氏二年傳曰晉荀息請以屈產之乘與垂棘之璧假道於虞以伐虢虞公許之且請先伐之遂伐虢滅下陽五年傳曰晉侯復假道伐虢宮之奇諫不聽以其族行曰虞不臘矣八月甲午晉侯圍上陽冬十有二月滅虢師還遂襲虞滅之句卑卒子去齊立去齊

卒子壽夢立正義夢莫公反壽夢立而吳始益大稱王自太伯作吳五世而武王克殷封其後為二其一虞在中國其一吳在夷蠻十二世而晉滅中國之虞中國之虞滅二世而夷蠻之吳興正義曰中國之虞滅後二世合七十一年至壽夢而興大稱王大凡從太伯至壽夢十九世索隱曰壽夢是仲雍十八代孫王壽夢二年索隱曰自壽夢已下始有其年春秋唯記卒計壽夢二年當成公七年楚之亡大夫申公巫臣怨楚將子反而奔晉自晉使吳教吳用兵乘車令其子為吳行人服虔曰行人掌國賓客之禮籍以待四方之使賓大客受小客之幣辭○索隱曰左氏成二年巫臣聘齊及鄭使介反幣而以夏姬行遂奔晉七年傳曰子重子反殺巫臣之族而分其室巫臣遺二子書曰余必使爾罷於奔命以死巫臣使於吳吳子壽夢悅之乃通吳于晉教吳乘車教之戰陳教之叛楚寘其子狐庸焉使為行人吳始伐楚伐巢伐徐鄖陵之會吳入州來子重子反於是乎一歲七奔命吳於是始通於中國吳伐楚十六年楚共王伐吳至衡山杜預曰吳興烏程縣南也○索隱曰春秋經襄三年楚公子嬰齊帥師伐吳左傳曰楚子重伐吳為簡之師克鳩茲至于衡山也二十五年王壽夢卒索隱曰襄十二年經曰秋九月吳子乘卒左傳曰壽夢計從成六年至此正二十五年系本曰吳孰姑徙勾吳宋衷曰孰姑壽夢也代謂祝夢乘諸也壽孰音相近姑之言諸也毛詩傳讀姑為諸孰姑壽夢是一人又名乘也壽夢有子四人長曰諸樊索隱曰春秋經書吳子遏左傳稱諸樊蓋遏是其名諸樊是其號公羊傳遏作謁次曰餘祭次曰餘昧索隱曰左氏曰闇戕戴吳杜預曰戴吳餘祭也又襄二十八年左氏齊慶封奔吳吳勾餘與之朱方杜預曰句餘吳子夷末也按餘祭以襄二十九年卒則二十八年賜慶封邑不得是夷末但句餘或別是一人杜預誤為夷末爾夷末惟史記公羊作餘昧左氏及穀

梁並爲夷末夷末句餘音字各異不得爲一。正義祭側界反昧莫葛反次曰季札索隱曰公羊傳曰謁也餘祭也夷昧也與季子同母者四人季子弱而才兄弟皆愛之同欲以爲君季子猶不受謁請兄弟迭爲君而致國乎季子皆曰諾故謁也死餘祭也立餘祭也死夷昧也立夷昧也死則國宜之季子季子使而亡焉僚者長庶也即之闔閭曰將從先君之命與則國宜之季子也如不從君之命則宜立者我也僚惡得爲君乎於是使專諸刺僚史記壽夢四子亦約公羊文但以僚爲餘昧子爲異耳左氏其文不明服虔用公羊杜預依史記及吳越春秋下註徐廣引系本云夷昧生光引吳越春秋云王僚夷昧子今檢系本吳越春秋並無此語然按左氏狐庸對趙文子謂夷末甚德而度其天所啓也必此君之子孫實終之若以僚爲夷末子不應此言又光言我王嗣則光是夷昧子明僚是壽夢庶子季札賢而壽夢欲立之季札讓不可於是乃立長子諸樊攝行事當國王諸樊元年系本曰諸樊徙吳也。索隱曰按在左氏襄十四年諸樊已除喪讓位季札季札謝曰曹宣公之卒也諸侯與曹人不義曹君服虔曰宣公曹伯廬也以魯成公十三年會晉侯伐秦卒于師曹君公子負芻也負芻在國聞宣公卒殺太子而自立故曰不義之也將立子臧子臧去之以成曹君服虔曰子臧負芻庶兄。索隱曰成十三年左傳曰曹宣公卒于師曹人使公子負芻守使公子欣時逆喪秋負芻殺其太子而自立杜預曰皆宣公庶子也負芻成公也欣時子臧也十五年傳曰會于戚討曹成公也執而歸諸京師諸侯將見子臧於王而立之子臧曰前志有之曰聖達節杜預曰聖人應天命不拘常禮也次守節杜預曰謂賢者下失節杜預曰愚者妄動也爲君非吾節也雖不能聖敢失守乎遂逃奔宋君子曰能守節矣君義嗣王肅曰義宜也嫡子嗣國得禮之宜杜預曰諸樊嫡子故曰義嗣。索隱曰君子者左丘明所爲史評仲尼之辭指仲尼爲君子也誰敢干君有國非吾節也札雖不材願附於子臧之義吳人固立季札季札棄其室而耕乃舍之正義舍音捨秋吳伐楚敗我師四年晉平公初立索隱曰左傳襄十六年春葬晉悼公平公即位是也十二年王諸樊卒索隱曰春秋經襄二十五年十有二月吳子遏伐楚門于巢卒左氏曰吳子諸樊伐楚以報舟師之役門于巢巢牛臣曰吳王勇而輕若啓之將親門我獲射之必殪是君也死疆其少安從之吳子門焉牛臣隱於短牆以射之卒有命授弟餘祭欲傳以次必致國於季札而止以稱先王壽夢之意且嘉季札之義兄弟皆欲致國令以漸至焉季札封於延陵故號曰延陵季子索隱曰襄三十一年左傳趙文子問於屈狐庸曰延州來季子其果立乎杜預曰延州來季札邑昭二十七年左傳曰吳子使延州來季子聘于上國杜預曰季子本封延陵後復封州來故曰延州來成七年左傳曰吳入州來杜預曰州來楚邑淮南下蔡縣是昭十三年傳吳伐州來二十三年傳吳滅州來則州來本為楚邑吳伐滅以封季子也地理志云會稽毗陵縣季札所居太康地理志曰故延陵邑季札所居栗頭有季札祠地理志云沛郡下蔡縣古州來國為楚所滅後吳取之至夫差遷昭侯於州來公羊傳曰季子去之延陵終身不入吳國何休曰不入吳朝廷也此云封於延陵謂國之以菜邑杜預春秋釋例土地名則云延州來闕不知何故而為此言也

王餘祭三年齊相慶封有罪自齊來犇吳吳予慶封朱方之縣吳地記曰朱方秦改曰丹徒以為奉邑以女妻之富於在齊四年吳使季札聘於魯在春秋魯襄公二十九年請觀周樂杜預曰魯以周公故有天子禮樂為歌周南召南服虔曰周樂魯所受四代之樂也杜預曰此皆各依其本國歌所常用聲曲曰美哉始基之矣王肅曰言始造王基也猶未也賈逵曰言未有雅頌之成功也杜預曰猶有商紂未盡善也然勤而不怨杜預曰未能安樂然其音不怨怒歌邶鄘衛杜預曰武王伐紂分其地為三監三監叛周公滅之并三監之地更封康叔故三國盡被康叔之化曰美哉淵乎憂而不困者

也賈逵曰淵深也杜預曰亡國之音哀以思其民困衛康叔武公德化深遠雖遭宣公淫亂懿公滅亡民猶秉義不至於困吾聞衛康叔武公之德如是是其衛風乎賈逵曰康叔遭管叔蔡叔之難武公罹幽王褒姒之憂故曰康叔武公之德如是杜預曰康叔武公皆衛之令德君也聽聲以爲別故有疑言

歌王服虔曰王室當在雅衰微而列在風故國人猶尊之故稱王猶春秋之王人也杜預曰王黍離也曰美哉思而不懼其周之東乎服虔曰平王東遷雒邑杜預曰宗周隕滅故憂思猶有先王之遺風故不懼也○正義思音肆

歌鄭賈逵曰鄭風東鄭是曰其細已甚民不堪也是其先亡乎服虔曰其風細弱已甚攝於大國之間無遠慮持久之風故曰民不堪將先亡也

歌齊曰美哉泱泱乎大風也哉服虔曰泱泱舒緩深遠有大和之意其詩風刺辭約而義微體疏而不切故曰大風○索隱曰泱於良反泱泱猶汪洋汪洋美盛貌也杜預曰弘大之聲表東海者其太公乎王肅曰言爲東海之表式國

未可量也服虔曰國之興衰世數長短未可量也杜預曰言其或將復興

歌豳曰美哉蕩蕩乎樂而不淫賈逵曰蕩然無憂自樂而不荒淫也其周公之東乎杜預曰周公遭管蔡之變東征爲成王陳后稷先公不敢荒淫以成王業故言其周公東乎

歌秦曰此之謂夏聲夫能夏則大大之至也其周之舊乎杜預曰秦仲始有車馬禮樂去戎狄之音而有諸夏之聲故謂之夏聲及襄公佐周平王東遷而受其故地故曰周之舊也

歌魏曰美哉渢渢乎大而婉儉而易行以德輔此則明盟主也徐廣曰盟一作明駰案賈逵曰其志大直而有曲體歸中和中庸之德難成而實易行故曰以德輔此則明盟主也杜預曰惜其國小而無明君○索隱曰風音馮又音泛杜預曰中庸之聲婉約也大而約則儉節易行左傳盟作明故徐廣亦云一作明此以聽聲知政言其明聽爾非盟會也

歌唐曰思深哉其有陶唐氏之遺風乎不然何憂之遠也

杜預曰晉本唐國故有堯之遺風憂深思遠情發於聲也非令德之後誰能若是
歌陳曰國無主其能久乎杜預曰淫聲放蕩無所畏忌故曰國無主自鄶
以下無譏焉服虔曰鄶以下及曹風也其國小無所刺譏歌小雅杜預曰小雅小正亦
樂歌之章曰美哉思而不貳杜預曰思文武之德無貳叛之心也怨而不言
王肅曰非不能言畏罪咎也其周德之衰乎杜預曰衰小也猶有先王之
遺民也杜預曰謂有殷王餘俗故未大歌大雅杜預曰大雅陳文王之德以正天下曰廣
哉熙熙乎杜預曰熙熙和樂聲曲而有直體杜預曰論其聲其文王之
德乎歌頌杜預曰頌者以其成功告於神明曰至矣哉賈逵曰言道備至也直而
不倨杜預曰倨傲也曲而不詘杜預曰詘撓也近而不偪杜預曰謙退也遠而
不攜杜預曰攜貳也遷而不淫服虔曰遷徙也文王徙酆武王居鄗杜預曰淫過蕩也復而

不厭杜預曰常日新也哀而不愁杜預曰知命也樂而不荒杜預曰節之以
禮也用而不匱杜預曰德弘大廣而不宣杜預曰不自顯也施而不費
杜預曰因民所利而利之取而不貪杜預曰義然後取處而不底杜預曰守之以道
行而不流杜預曰制之以義五聲和八風平杜預曰宮商角徵羽謂之五聲
八方之氣謂之八風節有度守有序杜預曰八音克諧節有度也無相奪倫守有序也盛
德之所同也杜預曰頌有殷魯故曰盛德之所同見舞象箾南籥者賈逵
曰象文王之樂武象也箾舞曲也南籥以籥舞也。索隱曰箾音朔又蘇彫反曰美哉猶有憾
服虔曰憾恨也恨不及已以伐紂而致太平也。索隱曰憾或作感字省爾亦讀爲憾又音胡暗反見舞大
武賈逵曰大武周公所作武王樂也曰美哉周之盛也其若此乎見
舞韶護者賈逵曰韶護殷成湯樂大護也曰聖人之弘也賈逵曰弘大也猶

有慙德聖人之難也服虔曰慙於始伐而無聖佐故曰聖人之難也見舞大夏賈逵曰夏禹之樂大夏也曰美哉勤而不德服虔曰禹勤其身以治水土也非禹其誰能及之見舞招箾服虔曰有虞氏之樂大韶也○索隱曰招箾二字體變耳曰德至矣哉大矣服虔曰至帝王之道極於韶也盡美盡善也如天之無不燾也賈逵曰燾覆也如地之無不載也雖甚盛德無以加矣觀止矣若有他樂吾不敢觀服虔曰周用六代之樂堯曰咸池黃帝曰雲門魯受四代下周二等故不舞其二季札知之故曰有他樂吾不敢請去魯遂使齊說晏平仲曰子速納邑與政服虔曰入邑與政職於公不與國家之事無邑無政乃免於難齊國之政將有所歸未得所歸難未息也故晏子因陳桓子以納政與邑是以免於欒高之難正義曰乃憚反在魯昭公八年欒施高彊二氏作難陳桓子和之乃解也去齊使於鄭見子產如舊交謂子產曰鄭之執政侈難將至矣政必及子子為政慎以禮服虔曰禮所以經國家利社稷也不然鄭國將敗去鄭適衛說蘧瑗史狗史鰌公子荊公叔發公子朝曰衛多君子未有患也自衛如晉將舍於宿左傳曰將宿於戚○索隱曰按太史公欲自為一家事雖出於左氏文則隨義而換既以舍字替宿遂以宿字替戚爾戚既是邑名理應不易今宜讀宿為戚戚衛邑孫文子舊所食也聞鐘聲服虔曰孫文子鼓鐘作樂也曰異哉吾聞之辯而不德必加於戮服虔曰辯若鬭辯也夫以辯爭不以德居之必加於刑戮也夫子獲罪於君以在此賈逵曰夫子孫文子也獲罪出獻公以戚畔也懼猶

不足而又可以畔乎索隱曰按春秋左氏傳曰而又何樂此畔字宜讀曰樂樂謂聞鐘聲也畔非其義耳夫子之在此猶燕之巢于幕也王肅曰言至危也君在殯而可以樂乎賈逵曰衛君獻公棺在殯未葬遂去之文子聞之終身不聽琴瑟服虔曰聞義而改也琴瑟不聽況於鐘鼓乎適晉說趙文子索隱曰名武韓宣子索隱曰名起。正義曰世本云名秦魏獻子索隱曰名舒曰晉國其萃於三家乎服虔曰言晉國之祚將集於三家將去謂叔向曰吾子勉之君侈而多良大夫皆富政將在三家杜預曰富必厚施故政在三家也吾子直服虔曰直不能曲橈以從衆必思自免於難季札之初使北過徐君徐君好季札劍口弗敢言季札心知之為使上國未獻還至徐徐君已死於是乃解其寶劍繫之徐君冢樹而去正義曰括地志云徐君廟在泗州徐城縣西南一里即延陵季子掛劍之徐君也從者曰徐君已死尚誰予乎季子曰不然始吾心已許之豈以死倍吾心哉七年楚公子圍弒其王夾敖而代立是為靈王索隱曰春秋經襄二十五年吴子遏卒二十九年閽殺吴子餘祭昭十五年吴子夷末卒是餘祭立四年餘昧在位十七年系家倒錯二王之年此七年正是餘昧之三年昭元年經曰冬十有一月楚子麇卒左傳曰楚公子圍將聘于鄭未出竟聞王有疾而還入問王疾縊而弒之遂殺其二子幕及平夏葬王于郟謂之郟敖十年楚靈王會諸侯而以伐吴之朱方以誅齊慶封吴亦攻楚取三邑而去左傳曰吴伐楚入棘櫟麻以報朱方之役。索隱曰杜預註彼云皆楚東鄙邑也譙周云酇縣東北有棘亭汝陰新蔡縣東北有櫟亭按解者以麻即襄城縣故麻城是也十一年楚伐吴至雩婁服虔曰雩婁楚之東邑。索隱曰昭五年左傳曰楚子伐吴使沈尹射待命於巢薳啓強待命雩婁今直言至雩婁略耳十二年楚復來伐次於乾谿杜預曰乾谿在譙國城父縣南楚東境楚師敗走十七年王餘祭卒索隱曰春秋襄二十九年經曰閽殺吴子餘祭左傳曰吴人伐越獲俘焉以爲閽使守舟吴子餘祭觀舟閽以刀殺之公羊傳曰近刑人則輕死之道也合在季札聘魯之前倒錯於此弟餘眜立王餘眜二年楚公子弃疾弑其君靈王代立焉索隱曰據春秋即餘眜十五年也昭十三年經曰夏四月楚公子比自晉歸于楚弑其君虔于乾谿楚公子弃疾殺公子比左氏具載詞繁不録公子比弃疾皆靈王弟也比即子干也靈王公子圍也即位後易名爲虔弃疾即位後易名熊居是爲平王史記以平王遂有楚國故曰弃疾弑君春秋以子干爲王故曰比弑其君彼此各有意義也四年王餘眜卒欲授弟季札季札讓逃去

於是吴人曰先王有命兄卒弟代立必致季子季子今逃位則王餘眜後立今卒其子當代乃立王餘眜之子僚爲王索隱曰此文以爲餘眜子公羊傳以爲壽夢庶子王僚二年公子光伐楚徐廣曰世本云夷眜生光吴越春秋曰王僚夷眜子與史記同敗而亡王舟光懼襲楚復得王舟而還左傳曰舟名餘皇。索隱曰計僚元年當昭十六年比二年公子光云王舟事在左氏昭十七年五年楚之亡臣伍子胥來奔公子光客之索隱曰左傳昭二十年曰伍貟如吴言伐楚之利於州于杜預曰州于吴子僚也公子光曰是宗爲戮而欲反其讎不可從也貟曰彼將有他志余姑爲之求士而鄙以待之乃見鱄設諸焉而耕於鄙是謂以客禮接之公子光者王諸樊之子也索隱曰此文以爲諸樊子系本以爲夷眜子也常以爲吾父兄弟四人當傳至

季子季子即不受國光父先立即不傳季子光當立陰納賢士欲以襲王僚八年吳使公子光伐楚敗楚師迎楚故太子建母於居巢以歸因北伐敗陳蔡之師九年公子光伐楚拔居巢鍾離服虔曰鍾離州來西邑也。索隱曰昭二十四年經曰冬吳滅巢左氏曰楚子爲舟師以略吳疆沈尹戌曰此行也楚必亡邑不撫民而勞之吳不動而速之吳人踵楚邊人不備遂滅巢及鍾離而還地理志居巢屬廬江鍾離屬江南應劭曰鍾離子之國也初楚邊邑卑梁氏之處女與吳邊邑之女爭桑索隱曰左氏無其事二女家怒相滅兩國邊邑長聞之怒而相攻滅吳之邊邑吳王怒故遂伐楚取兩都而去正義曰兩都即鍾離居巢伍子胥之初犇吳說吳王

僚以伐楚之利公子光曰胥之父兄爲僇於楚欲自報其仇耳未見其利於是伍員知光有他志服虔曰欲取國乃求勇士專諸賈逵曰吳勇士。索隱曰專或作剸左傳作鱄設諸刺客傳曰諸堂邑人也。正義曰吳越春秋云專諸豐邑人伍子胥初亡楚如吳時遇之於途專諸方与人鬭甚不可當其妻呼還子胥怪而問其狀專諸曰夫屈一人之下必申万人之上胥因而相之雄貌深目侈口熊背知其勇士見之光光喜乃客伍子胥子胥退而耕於野以待專諸之事索隱曰依左氏即上五年公子光客之是也事合記於五年不應略彼而更具於此也十二年冬楚平王卒索隱曰昭二十六年春秋經書楚子居卒是也按十二諸侯年表及左傳合在僚十二年十三年春吳欲因楚喪而伐之索隱曰據表及左氏僚止合有十二年事並見昭二十七年左傳使公子蓋餘燭庸賈逵曰二公子皆吳王僚之弟。索隱曰春秋

作掩餘而史記並作蓋餘音同而字異者或謂太史公被腐刑不欲言掩也賈逵及杜預并刺客傳皆云二公子王僚母弟而昭二十三年左傳曰光帥右掩餘帥左杜註云掩餘吳王壽夢子又系族譜亦云二公子並壽夢子若依公羊僚為壽夢子則與系族譜合也以兵圍楚之六灊杜預曰灊在盧江六縣西南使季札於晉以觀諸侯之變服虔曰察彊弱楚發兵絕吳兵後吳兵不得還於是吳公子光曰此時不可失也賈逵曰時言可殺王時也告專諸曰不索何獲服虔曰不索當何時得也我真王嗣當立吾欲求之季子雖至不吾廢也王肅曰聘晉還至也專諸曰王僚可殺也母老子弱服虔曰母老子弱專諸託其母子於光也王肅曰專諸言王母老子弱也。索隱曰依王肅解與史記同於理無失服虔杜預見左傳下文云我爾身也以其子為卿遂強解是無若我何猶言我無若是何語不近情過為迂回非也而兩公子將

兵攻楚楚絕其路方今吳外困於楚而內空無骨鯁之臣是無奈我何光曰我身子之身也服虔曰言我身猶尒身也四月丙子光伏甲士於窟室杜預曰掘地為室也。索隱曰春秋經唯言夏四月左氏亦云丙子當別有按據不知出何書而謁王僚飲索隱曰謁請也本或作請左氏作饗王王僚使兵陳於道自王宮至光之家門階戶席皆王僚之親也人夾持鈹音披。索隱曰劉逵註吳都賦鈹兩刃小刀公子光詳為足疾入于窟室杜預曰恐難作王黨殺已素避之也。索隱曰詳音陽為如字左氏曰光偽足疾詳即偽也或讀此為字音偽非也豈詳偽重言邪使專諸置匕首於炙魚之中服虔曰全魚炙也。索隱曰劉氏曰匕首短劒也按鹽鐵論以為長尺八寸通俗文云其頭類匕故曰匕首也短刃可袖者以進食手匕首刺王僚鈹

交於匈賈逵曰交專諸匈也遂弒王僚公子光竟立爲王是爲吳王闔廬闔廬乃以專諸子爲卿季子至曰苟先君無廢祀民人無廢主社稷有奉乃吾君也吾敢誰怨乎哀死事生以待天命服虔曰待其天命之終也非我生亂立者從之先人之道也杜預曰吳自諸樊已下兄弟相傳而不立適是亂由先人起也季子自知力不能討光故云復命哭僚墓服虔曰復命於僚哭其墓也。正義曰復音伏下同復位而待杜預曰復本位待光命吳公子燭庸蓋餘二人將兵遇圍於楚者聞公子光弒王僚自立乃以其兵降楚楚封之於舒索隱曰左氏昭二十七年曰掩餘奔徐燭庸奔鍾吾三十年經曰吳滅徐徐子奔楚左傳曰吳子使徐人執掩餘使鍾吾人執燭庸二公子奔楚楚子大封而定其徙無封舒之事當是舒徐字亂又且疎略也

王闔廬元年舉伍子胥爲行人而與謀國事楚誅伯州犂其孫伯嚭亡奔吳徐廣曰伯嚭州犂孫也史記與吳越春秋同嚭音披美反吳以爲大夫三年吳王闔廬與子胥伯嚭將兵伐楚拔舒殺吳亡將二公子光謀欲入郢將軍孫武曰民勞未可待之索隱曰左傳此年有子胥對耳無孫武事也四年伐楚取六與灊五年伐越敗之六年楚使子常囊瓦伐吳正義曰左傳云楚囊瓦爲令尹杜預云囊瓦之孫子常迎而擊之大敗楚軍於豫章取楚之居巢而還索隱曰在左傳定二年當爲闔廬七年九年吳王闔廬謂伍子胥孫武曰始子之言郢未可入今果如何

索隱曰言今欲果敢伐楚可否也二子對曰楚將子常貪而唐蔡皆怨之王必欲大伐必得唐蔡乃可闔廬從之悉興師與唐蔡西伐楚索隱曰定四年經蔡侯以吳子及楚人戰于柏舉楚師敗績吳入郢是也至於漢水楚亦發兵拒吳夾水陳正義音陣吳王闔廬弟夫概正義音古代反欲戰闔廬弗許夫概曰王已屬臣兵兵以利為上尚何待焉遂以其部五千人襲冒楚楚兵大敗走於是吳王遂縱兵追之比至郢五戰楚五敗楚昭王亡出郢奔鄖服虔曰鄖楚縣鄖公弟正義曰左傳云鄖公辛之弟懷也欲弒昭王昭王與鄖公奔隨服虔曰隨楚與國也而吳兵遂入郢子胥伯嚭鞭平

王之尸以報父讎索隱曰左氏無此事十年春越聞吳王之在郢國空乃伐吳吳使別兵擊越楚告急秦秦遣兵救楚擊吳吳師敗闔廬弟夫概見秦越交敗吳吳王留楚不去夫概亡歸吳而自立為吳王闔廬聞之乃引兵歸攻夫概夫概敗奔楚楚昭王乃得以九月復入郢而封夫概於堂谿為堂谿氏司馬彪曰女南吳房有堂谿亭。正義曰括地志云豫州吳房縣在州西北九十里應劭云吳王闔閭弟夫概奔楚封之於堂谿氏本房子國以封吳故曰吳房十一年吳王使太子夫差伐楚取番楚恐而去郢徙鄀服虔曰鄀楚邑。索隱曰定六年左傳四月己丑吳太子終纍敗楚舟師杜預曰闔廬子夫差兄此以為夫差當謂名異而一人耳左傳又曰獲潘子臣小惟子及

大夫七人楚於是乎遷郢於鄀此言番番音潘楚邑名子臣即其邑之大夫也十五年孔子相
魯索隱曰定十年左傳曰夏公會齊侯于祝其實夾谷孔丘相犂彌言於齊侯曰孔丘知禮而無勇是也杜預以爲相會儀也而史遷孔子系家云攝行相事按左氏孔丘以公退曰士兵之又使茲無還揖對盖是攝國相也十九
年夏吳伐越越王句踐迎擊之檇李賈逵曰檇李越地杜預曰
吳郡嘉興縣南有醉李城也檇音醉越使死士挑戰徐廣曰一作亶越世家亦然或者以爲人
名氏乎駰案賈逵曰死士死罪人也鄭衆曰死士欲以死報恩者也杜預曰敢死之士也。正義曰挑音田鳥反三
行造吳師呼自剄左傳曰使罪人三行屬劍於頸。正義曰行故郎反造千到反呼火故反
剄堅鼎反吳師觀之越因伐吳敗之姑蘇越絕書曰闔廬起姑蘇臺
三年聚材五年乃成高見三百里。索隱曰姑蘇臺名在吳縣西三十里傷吳王闔廬指軍
却七里吳王病傷而死索隱曰左傳云定十四年越子大敗之靈姑浮以戈擊闔

廬闔廬傷將指還卒於陘去檇李七里此云擊之檇李又云敗之姑蘇自爲乖異杜預註檇李在嘉興縣南靈姑浮越大
夫也闔廬使立太子夫差謂曰爾而忘句踐殺汝
父乎對曰不敢三年乃報越越絕書曰闔廬冢在吳縣昌門外名曰虎丘下
池廣六十步水深一丈五尺桐棺三重澒池六尺玉鳧之流扁諸之劒三千方負之口三千槃郢魚腸之劒在焉卒十餘
萬人治之取土臨湖葬之三日白虎居其上故號曰虎丘。索隱曰此以爲闔廬謂夫差夫差對闔廬若左氏傳則云對
曰者夫差對所使之人也澒音胡貢反以水銀爲池王夫差元年越絕書曰太伯到夫差二十六
代且千歲。索隱曰按太伯至壽夢十九代諸樊已下六王唯二十五年以大夫伯嚭爲太
宰索隱曰左傳定四年伯嚭爲太宰當闔廬九年非夫差代也習戰射常以報越爲
志二年吳王悉精兵以伐越敗之夫椒賈逵曰夫椒越地杜
預曰太湖中椒山也。索隱曰賈逵云越地盖近得之然其地闕不知所在杜預以爲太湖中椒山非戰所夫椒與椒山

不得爲一且夫差以報越爲志又伐越當至越地何乃不離吳境近在太湖中又按越語云敗五湖也報姑蘇也越王句踐乃以甲兵五千人棲於會稽賈逵曰會稽山名。索隱曰鳥所止宿曰棲越爲吳敗依山林故以鳥棲爲喻左傳作保國語作棲使大夫種因吳太宰嚭而行成服虔曰行成求成也。索隱曰大夫官也種名也吳越春秋以爲種姓文而劉氏云姓大夫非也。正義曰國語云越飾美女八人納太宰嚭曰子苟然放越之罪請委國爲臣妾吳王將許之伍子胥諫曰昔有過氏殺斟灌以伐斟尋賈逵曰過國名也斟灌斟尋夏同姓也夏后相依斟灌而國故曰殺夏后相也。索隱曰過音戈寒浞之子澆所封國也猗姓國晉地道記曰東萊掖縣有過鄉北有過城是古之過國者也斟灌斟尋夏同姓賈氏據系本而知也按地理志北海壽光縣應劭曰古斟灌禹後今灌亭是也又平壽縣云故斟尋禹後今斟城是也斟與斟同滅夏后帝相服虔曰夏后相啓之孫帝相之妃后緡方娠賈逵曰緡有仍之姓也杜預曰娠懷身也逃於有仍賈逵曰有仍國名后緡之家而生少康服虔曰后緡遺腹子少康爲有仍牧正王肅曰牧正牧官之長也有過又欲殺少康少康奔有虞賈逵曰有虞帝舜之後杜預曰梁國虞縣有虞思夏德於是妻之以二女而邑之於綸賈逵曰綸虞邑有田一成有衆一旅賈逵曰方十里爲成五百人爲旅後遂收夏衆撫其官職服虔曰因此基業稍收取夏遺民餘衆無修夏之故官憲典使人誘之遂滅有過氏索隱曰傳云使汝艾諜澆季杼誘豷遂滅過氏杜預曰諜候也復禹之績祀夏配天服虔曰以鯀配天也不失舊物賈逵曰物職也杜預曰物事也今吳不如有過之彊而句踐大於少康今不因此而滅之又將寬之不亦難乎且句踐爲人能辛苦今不

滅後必悔之吳王不聽聽太宰嚭卒許越平與
盟而罷兵去七年吳王夫差聞齊景公死而大
臣爭寵新君弱乃興師北伐齊子胥諫曰越王
句踐食不重味衣不重采弔死問疾且欲有所
用其衆此人不死必爲吳患今越在腹心疾而
王不先而務齊不亦謬乎吳王不聽遂北伐齊
敗齊師於艾陵杜預曰艾陵齊地。索隱曰此之七年魯哀公六年也左氏此年無伐齊事哀
十一年有敗齊師于艾陵至繒杜預曰琅邪繒縣召魯哀公而徵百牢季
康子使子貢以周禮說太宰嚭乃得止賈逵曰周禮王合諸
侯享禮十有二牢上公九牢侯伯七牢子男五牢。索隱曰事在哀七年當夫差八年不應上連七年按左傳曰子服景

伯對不聽乃與之非謂季康子使子貢說得不用百牢太宰嚭自別召康子乃使子貢辭之耳因留略地
於齊魯之南九年爲騶伐魯至與魯盟乃去索隱
曰左傳騶作邾杜預註左傳亦曰邾今魯國騶縣是也騶邾聲相近自亂耳騶宜音邾十年因伐齊
而歸十一年復北伐齊越王句踐率其衆以朝
吳厚獻遺之吳王喜唯子胥懼曰是棄吳也索隱
曰左氏作豢吳豢養也諫曰越在腹心今得志於齊猶石田
無所用王肅曰石田不可耕且盤庚之誥有顚越勿遺服虔曰顚
隕也越墜也顚越無道則割絕無遺也。索隱曰左傳曰其顚越不共則劓殄無遺育無俾易種于茲邑是商所以興也
今君易之此即艾陵戰時也商之以興徐廣曰一本作盤庚之誥有顚之越之商之以興子胥傳詰曰
有顚越商之興吳王不聽使子胥於齊子胥屬其子於齊

鮑氏 服虔曰鮑氏齊大夫。索隱曰左傳直云使於齊杜預云私使人至齊國屬其子按左氏又曰反役王聞之明非子胥自使也 還報吳王吳王聞之大怒賜子胥屬鏤之劒以死 服虔曰屬鏤劒名賜使自刎。索隱曰劒名見越絶書。正義曰屬音燭鏤音力于反 將死曰樹吾墓上以梓令可為器 索隱曰傳云樹吾墓檟檟可材也吳其亡乎梓檟相類因變文爾 抉吾眼置之吳東門以觀越之滅吳也 索隱曰抉烏穴反此國語文彼以為辟又云以手抉之王慍曰孤不使大夫得有見乃盛以鴟夷投之江也。正義曰吳俗傳云子胥亡後越從松江北開渠至横山東北築城伐吳子胥乃與越軍夢令從東南入破吳越王即移向三江口岸立壇殺白馬祭子胥杯動酒盡越乃開渠子胥作濤盪羅城東開入滅吳至今猶號曰示浦門曰鱛鮬是從東門入滅吳也 齊鮑氏弒齊悼公吳王聞之哭於軍門外三日 服虔曰諸侯相臨之禮。索隱曰公名陽生左傳哀十年曰吳伐齊南鄙齊人殺悼公不言鮑氏又鮑叔以哀八年為悼公所殺今言鮑氏盖其宗黨爾且此伐在艾陵戰之前年今記於後亦為顛倒錯亂也 乃從海上 徐廣曰上作中 攻齊齊人敗吳吳王乃引兵歸十三年吳召魯衛之君會於橐皋 服虔曰橐皋地名也杜預曰在淮南逡遒縣東南。索隱曰哀十二年左傳曰公會吳于橐皋衛侯會吳于鄖此幷言會衛橐皋者按左傳吳徵會于衛初衛殺吳行人懼謀於子羽子羽曰不如止也子木曰往也衛侯本不欲赴會故魯以夏會衛及秋乃會之爾所以太史公言其召魯衛會於橐皋也鄖發陽也廣陵海陵縣東南有發繇口橐皋縣名在壽春橐音吐各反皋音姑逡音七巡反遒音才猷反 十四年春吳王北會諸侯於黃池 杜預曰陳留封丘縣南有黃亭近濟水 欲霸中國以全周室六月戊子越王句踐伐吳乙酉越五千人與吳戰丙戌虜吳太子友丁亥入吳吳人告敗於王夫差夫差惡其聞也 賈逵

曰惡其聞諸侯或泄其語吳王怒斬七人於幕下服虔曰以絕口七月辛丑吳王與晉定公爭長吳王曰於周室我爲長杜預曰吳爲太伯後故爲長晉定公曰於姬姓我爲伯杜預曰爲侯伯趙鞅怒將伐吳乃長晉定公徐廣曰黃池之盟吳先歃晉次之與外傳同駰案賈逵曰外傳曰吳先歃晉亞之先叙晉晉有信又所以外吳。索隱曰此依左傳文按左傳趙鞅呼司馬寅曰日旰矣大事未成二臣之罪也建鼓整列二臣死之長幼必可知也是趙鞅怒司馬寅對曰請姑視之反曰肉食者無墨今吳王有墨國其勝乎杜預曰墨氣色下也國爲敵所勝也又曰太子死乎且夷德輕不忍久請少待之乃先晉人是也徐賈所云據國語不與左傳合非也左氏曾襄之代晉楚爲會先書晉晉有信耳外傳即國語也書有二名也外吳者吳夷賊之不許同中國故言外吳王已盟與晉別欲伐宋太宰嚭曰可勝而不能居也乃引兵歸國國亡太子內

空王居外久士皆罷敝於是乃使厚幣以與越平十五年齊田常殺簡公十八年越益彊越王句踐率兵使伐敗吳師於笠澤楚滅陳二十年越王句踐復伐吳索隱曰哀十九年左氏曰越人侵楚以誤吳也杜預曰誤吳使不爲備也無伐吳事也二十一年遂圍吳二十三年十一月丁卯越敗吳越王句踐欲遷吳王夫差於甬東賈逵曰甬東越東鄙甬江東也韋昭曰勾章東海口外州也。索隱曰國語曰甬勾東越地會稽勾章縣東海中州也按今鄮縣即是其處予百家居之吳王曰孤老矣不能事君王也吾悔不用子胥之言自令陷此遂自剄死越絕書曰夫差冢在猶亭西卑猶之位越王候干戈人一纍土以葬之近太湖去縣五十七里。索隱曰左傳云乃縊越人以以

歸猶亭亭名卑猶位三字共爲地名吳地記曰徐枕山一名卑猶山是也㯿音路禾反小竹籠以盛土也越王滅吳誅太宰嚭以爲不忠而歸

太史公曰孔子言太伯可謂至德矣三以天下讓民無得而稱焉王肅曰太伯弟季歷賢又生聖子昌昌必有天下故太伯以天下三讓於王季其讓隱故無得而稱言之者所以爲至德也余讀春秋古文乃知中國之虞與荆蠻勾吳兄弟也延陵季子之仁心慕義無窮見微而知清濁嗚呼又何其閎覽博物君子也皇覽曰延陵季子冢在毗陵縣暨陽鄉至今吏民皆祀事

索隱述贊曰

太伯作吳　高讓雄圖　周章受國
別封於虞　壽夢初霸　始用兵車
三子遞立　延陵不居　光既篡位
是稱闔閭　王僚見殺　賊由專諸
夫差輕越　取敗姑蘇　甬東之恥
空慙伍胥

史叁阡捌伯單柒字

註捌阡零柒拾陸字

吳太伯世家第一　史記三十一

齊太公世家第二　史記三十二

正義曰括地志云天齊池在青州臨淄縣東南十五里封禪書云齊之所以為齊者以天齊

太公望呂尚者東海上人呂氏春秋曰東夷之士。索隱曰譙周曰姓姜名牙炎帝之裔伯夷之後掌四岳有功封之於呂子孫從其封姓呂尚其後也按後文王得之渭濱云吾先君太公望子久矣故號太公望盖牙是字尚是其名後武王號為師尚父則尚父官名其先祖嘗為四嶽佐禹平水土甚有功虞夏之際封於呂徐廣曰呂在南陽宛縣西或封於申姓姜氏索隱曰地理志申在南陽宛縣申伯之國呂亦在宛縣之西也夏商之時申呂或封枝庶子孫或為庶人尚其後苗裔也本姓姜氏從其封姓故曰呂尚呂尚蓋嘗窮困年老矣索隱曰譙周曰呂望嘗屠牛於朝歌賣飯於孟津以漁釣奸周西伯正義曰奸音干括地志云茲泉水源出岐州岐山縣西南凡谷呂氏春秋云太公釣於茲泉遇文王酈元云磻磎中有泉謂之茲泉積水為潭即太公釣處今謂之凡谷有石壁深高幽邃人跡罕及東南隅有石室蓋太公所居水次盤石釣處即太公垂釣之所其投竿跪餌兩膝遺跡猶存是磻磎之稱也其水清泠神異北流十二里注于渭說苑云呂望年七十釣于渭渚三日三夜魚無食者望即忿脫其衣冠上有農人者古之異人謂望曰子姑復釣必細其綸芳其餌徐徐而投無令魚駭望如其言初下得鮒次得鯉刺魚腹得書書文曰呂望封於齊望知其異西伯將出獵卜之曰所獲非龍非彲徐廣曰彲勑知反。索隱曰餘本亦作螭字非虎非羆所獲霸王之輔於是周西伯獵果遇太公於渭之陽與語大說曰自吾先君太公曰當有聖人適周周以興子真是邪吾太公望子久矣故號之曰太公望載與俱歸立為師或

曰太公博聞嘗事紂紂無道去之游說諸侯無所遇而卒西歸周西伯或曰呂尚處士隱海濱周西伯拘羑里散宜生閎夭素知而招呂尚呂尚亦曰吾聞西伯賢又善養老盍往焉三人者爲西伯求美女奇物獻之於紂以贖西伯西伯得以出反國言呂尚所以事周雖異然要之爲文武師周西伯昌之脫羑里歸與呂尚陰謀脩德以傾商政其事多兵權與奇計正義曰六韜云武王問太公曰律之音聲可以知三軍之消息乎太公曰深哉王之問也夫律管十二其要有五宮商角徵羽此其正聲也萬代不易五行之神道之常也可以知敵金木水火土各以其勝攻之其法以天清靜無陰雲風雨夜半遣輕騎往至敵人之壘九伯步偏持律管橫耳大呼驚之有聲應管其來甚微角管聲應當以白虎徵管聲應當以玄武商管聲應當以勾陳五管盡不應無有商聲當以青龍此五行之府佐勝之徵陰敗之機也故後世之言兵及周之陰權皆宗太公爲本謀周西伯政平及斷虞芮之訟而詩人稱西伯受命曰文王伐崇密須犬夷索隱曰郡國志密須在東郡廩丘縣北今曰顧城密須姞姓在河南密縣東故密城是也與安定姻姓密國各不同大作豐邑天下三分其二歸周者太公之謀計居多文王崩武王即位九年欲脩文王業東伐以觀諸侯集否師行師尚父劉向別錄曰師之尚之父之故曰師尚父父亦男子之美號也左杖黃鉞右把白旄以誓曰蒼兕蒼兕索隱曰本或作蒼雉按馬融曰蒼兕主舟楫官名又王充云蒼兕水獸九頭今誓衆令急濟故言蒼兕以

懼之然此文上下並今文太誓摠爾衆庶與爾舟楫後至者斬遂
至盟津諸侯不期而會者八百諸侯諸侯皆曰
紂可伐也武王曰未可還師與太公作此太誓
居二年紂殺王子比干囚箕子武王將伐紂卜
龜兆不吉風雨暴至羣公盡懼唯太公彊之勸
武王武王於是遂行十一年徐廣曰一作三年正月甲子
誓於牧野伐商紂紂師敗績紂反走登鹿臺遂
追斬紂明日武王立于社羣公奉明水索隱曰周本紀毛叔鄭奉明水也
衛康叔封布采席索隱曰周本紀衛康叔封布茲茲是席故此亦云綵席也
師尚父牽牲史佚策祝以告神討紂之罪散鹿
臺之錢發鉅橋之粟以振貧民封比干墓釋箕
子囚遷九鼎脩周政與天下更始師尚父謀居
多於是武王已平商而王天下封師尚父於齊
營丘正義曰括地志云營丘在青州臨淄北百步外城中東就國道宿行遲逆
旅之人曰吾聞時難得而易失客寢甚安殆非
就國者也太公聞之夜衣而行犂明至國索隱曰犂里奚反犂猶比也又犂猶遲也萊侯來伐與之爭營丘營丘邊萊萊
人夷也會紂之亂而周初定未能集遠方是以
與太公爭國太公至國脩政因其俗簡其禮通
商工之業便魚鹽之利而人民多歸齊齊為大

國及周成王少時管蔡作亂淮夷正義曰孔安國云淮浦之夷徐州之戎畔周乃使召康公服虔曰召公奭命太公曰東至海西至河南至穆陵北至無棣服虔曰是皆太公始受封土地疆境所至也。索隱曰舊說云穆陵在會稽非也按今淮南有故穆陵門是楚之境無棣在遼西孤竹服虔以爲太公受封境界所至不然也蓋言其征伐所至之域五侯九伯實得征之杜預曰五等諸侯九州之伯皆得征討其罪齊由此得征伐爲大國都營丘蓋太公之卒百有餘年禮記曰太公封於營丘比及五世皆反葬於周鄭玄曰太公受封留爲太師死葬於周五世之後乃葬齊皇覽曰呂尚冢在臨菑縣城南去縣十里子丁公呂伋。徐廣曰一作及正義曰謚法述義不克曰丁立丁公卒子乙公得立乙公卒子癸公慈母立索隱曰系本作祭公慈母譙周亦曰祭公慈心也癸公卒子哀公不辰

立索隱曰系本作不臣譙周亦作不辰宋衷曰哀公荒淫田游史作還詩以刺之也哀公時紀侯譖之周周烹哀公徐廣曰周夷王而立其弟靜是爲胡公正義曰謚法彌年壽考曰胡胡公徙都薄姑正義曰括地志云薄姑城在青州博昌縣東北六十里而當周夷王之時哀公之同母少弟山怨胡公乃與其黨率營丘人襲攻殺胡公而自立是爲獻公索隱曰宋衷云其黨周馬繻人將胡公於貝水殺之而山自立也獻公元年盡逐胡公子因徙薄姑都治臨菑九年獻公卒子武公壽立武公九年周厲王出奔居彘正義曰直厲反括地志云晉州霍邑縣也鄭玄云霍山在彘本秦時霍伯國十年王室亂大臣行政號曰共和二十四年周宣王初立二十六年

武公卒子厲公無忌立厲公暴虐故胡公子復入齊齊人欲立之乃與攻殺厲公胡公子亦戰死齊人乃立厲公子赤爲君是爲文公而誅殺厲公者七十人文公十二年卒子成公脫立（索隱曰系本及譙周皆作說字）成公九年卒子莊公購立（索隱曰劉氏音神欲反系家及系本並作贖又上成公脫年表作說也）莊公二十四年犬戎殺幽王周東徙雒秦始列爲諸侯五十六年晉弑其君昭侯六十四年莊公卒子釐公祿甫立釐公九年魯隱公初立十九年魯桓公弑其兄隱公而自立爲君二十五年北戎伐齊鄭使太子忽來

救齊齊欲妻之忽曰鄭小齊大非我敵遂辭之三十二年釐公同母弟夷仲年死其子曰公孫無知釐公愛之令其秩服奉養比太子三十三年釐公卒太子諸兒立是爲襄公襄公元年始爲太子時嘗與無知鬭及立絀無知秩服無知怨四年魯桓公與夫人如齊齊襄公故嘗私通魯夫人魯夫人者襄公女弟也自釐公時嫁爲魯桓公婦及桓公來而襄公復通焉魯桓公知之怒夫人夫人以告齊襄公齊襄公與魯君飲醉之使力士彭生抱上魯君車因拉殺魯桓公

公羊傳曰搚幹而殺之何休曰搚折聲也。正義曰拉音力合反桓公下車則死矣魯
人以爲讓索隱曰讓猶責也而齊襄公殺彭生以謝魯八
年伐紀紀遷去其邑徐廣曰年表云去其都邑。索隱曰春秋莊四年紀侯大去其國左
氏云違齊難也十二年初襄公使連稱管至父戍葵丘賈逵
曰連稱管至父皆齊大夫。索隱曰杜預云臨淄西有地名葵丘又下三十五年會諸侯於葵丘當魯僖公九年杜預曰
陳留外黃縣東有葵丘不同者蓋葵丘有兩處杜意以戍葵丘當不遠出齊境故引臨淄縣西之葵丘若三十五年會諸
侯於葵丘杜又以不合在本國故引外黃東葵丘爲註所以不同也瓜時而往及瓜而代
服虔曰瓜時七月及瓜謂後年瓜時往戍一歲卒瓜時而公弗爲發代
或爲請代公弗許故此二人怒因公孫無知謀
作亂連稱有從妹在公宮無寵服虔曰爲妾在宮也使之

閒襄公王肅曰伺公之閒隙曰事成以女爲無知夫人冬十
二月襄公游姑棼賈逵曰齊地也。正義音扶云反遂獵沛丘杜預
曰樂安博昌縣南有地名貝丘。正義曰左傳云齊襄公田于貝丘墜車傷足即此也見彘從者曰
彭生服虔曰公見彘從者乃見彭生鬼改形爲豕也公怒射之彘人立而啼
公懼墜車傷足失屨反而鞭主屨者茀三百茀
正義曰非佛反下同茀主屨者也出宮而無知連稱管至父等聞公
傷乃遂率其衆襲宮逢主屨茀茀曰且無入驚
宮驚宮未易入也無知弗信茀示之創正義音瘡乃
信之待宮外令茀先入茀先入即匿襄公戶閒
良久無知等恐遂入宮茀反與宮中及公之幸

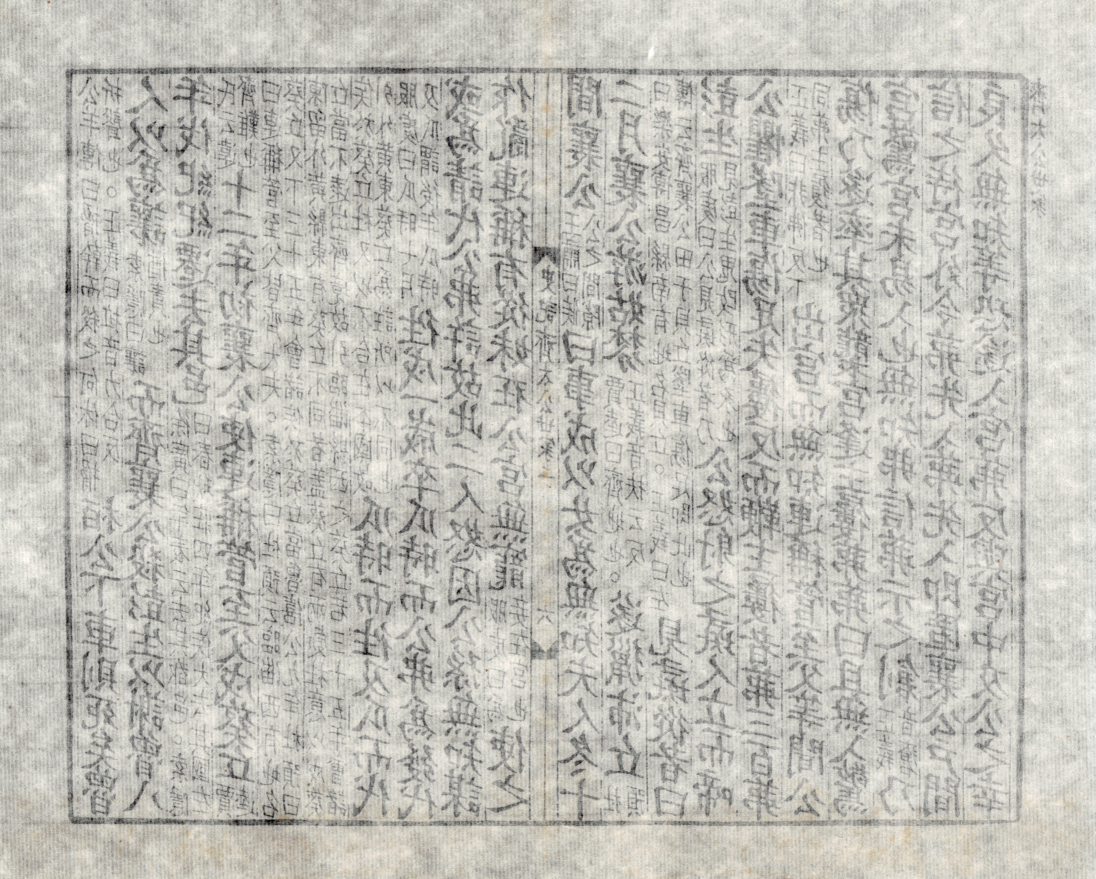

臣攻無知等不勝皆死無知入宮求公不得或見人足於戶間發視乃襄公遂弒之而無知自立為齊君桓公元年春齊君無知游於雍林賈逵曰渠丘大夫也。索隱曰本亦作雍廩左傳曰雍廩殺無知杜預曰雍廩齊大夫此云游雍林雍林人嘗有怨無知遂襲殺之蓋以雍林為邑名其地有人殺無知賈言渠丘大夫者蓋雍林為渠丘大夫也雍林人嘗有怨無知及其往游雍林人襲殺無知告齊大夫曰無知弒襄公自立臣謹行誅唯大夫更立公子之當立者唯命是聽初襄公之醉殺魯桓公通其夫人殺誅數不當淫於婦人數欺大臣群弟恐禍及故次弟糾奔魯其母魯女也管仲召

忽傅之次弟小白奔莒鮑叔傅之小白母衛女也有寵於釐公小白自少好善大夫高傒賈逵曰齊正卿高敬仲也。正義傒音奚及雍林人殺無知議立君高國先陰召小白於莒魯聞無知死亦發兵送公子糾而使管仲別將兵遮莒道射中小白帶鉤小白佯死管仲使人馳報魯魯送糾者行益遲伐魯至齊則小白已入高傒立之是為桓公桓公之中鉤佯死以誤管仲已而載溫車中馳行亦有高國內應故得先入立發兵距魯秋與魯戰于乾時杜預曰乾時齊地也時水在樂安界岐流旱則涸竭故曰乾時魯兵敗走齊兵

掩絶魯歸道齊遺魯書曰子糾兄弟弗忍誅請魯自殺之召忽管仲讎也請得而甘心醢之不然將圍魯魯人患之遂殺子糾于笙瀆 賈逵曰魯地句瀆也 ○索隱曰按鄒誕生本作莘瀆莘笙聲相近笙如字瀆音豆論語作溝瀆蓋後代聲轉而字異故諸文不同也 召忽自殺管仲請囚桓公之立發兵攻魯心欲殺管仲鮑叔牙曰臣幸得從君君竟以立君之尊臣無以增君君將治齊即高傒與叔牙足也君且欲霸王非管夷吾不可夷吾所居國國重不可失也於是桓公從之乃詳為召管仲欲甘心實欲用之管仲知之故請往鮑叔牙迎受管仲及堂阜而脱桎梏 賈逵曰堂阜魯北境杜預曰堂阜齊地東莞蒙陰縣西北有夷吾亭或曰鮑叔解夷吾縛於此因以為名也 齊祓而見桓公桓公厚禮以為大夫任政桓公既得管仲與鮑叔隰朋 徐廣曰或作崩也 高傒脩齊國政連五家之兵 國語曰管子制國五家為軌十軌為里四里為連十連為鄉以為軍令 設輕重魚鹽之利 索隱曰管子有理人輕重之法七篇輕重錢也又有捕魚煑鹽法 以贍貧窮祿賢能齊人皆說二年伐滅郯 徐廣曰一作譚。索隱曰春秋魯莊十年齊師滅譚是也杜預云譚國在濟南平陵縣西南然此郯乃東海郯縣蓋亦不當作譚字也 郯子奔莒初桓公亡時過郯郯無禮故伐之五年伐魯魯將師敗魯莊公請獻遂邑以平 杜預曰遂在濟北蛇丘縣東北 桓公許與魯會柯而盟 杜預曰此柯今濟北東阿齊之阿邑猶祝柯今爲祝阿魯將盟曹沬以匕首劫桓公於壇上何休曰土基三尺階三等曰壇會必有壇者爲升降揖讓稱先君以相接也曰反魯之侵地桓公許之已而曹沬去匕首北面就臣位桓公後悔欲無與魯地而殺曹沬管仲曰夫劫許之而倍信殺之徐廣曰一云已許之而背信殺劫也愈一小快耳而棄信於諸侯失天下之援不可於是遂與曹沬三敗所亡地於魯諸侯聞之皆信齊而欲附焉七年諸侯會桓公於甄杜預曰甄衛地今東郡甄城也而桓公於是始霸焉十四年陳厲公子完正義音桓號敬仲來奔齊齊桓公欲以爲卿讓於是以爲工正賈逵曰掌百工田成

子常之祖也二十三年山戎伐燕服虔曰山戎北狄蓋今鮮卑也何休曰山戎者戎中之別名也燕告急於齊齊桓公救燕遂伐山戎至于孤竹而還燕莊公遂送桓公入齊境桓公曰非天子諸侯相送不出境吾不可以無禮於燕於是分溝割燕君所至與燕命燕君復脩召公之政納貢于周如成康之時諸侯聞之皆從齊二十七年魯湣公母曰哀姜桓公女弟也哀姜淫於魯公子慶父慶父弑湣公哀姜欲立慶父魯人更立釐公徐廣曰史記僖字皆作釐桓公召哀姜殺之二十八年衛文公有狄亂告急於齊齊率諸侯

城楚丘而立衛君賈逵曰衛地也。索隱曰杜預曰不言城衛衛未遷楚丘武城縣南即今之衛南縣是也二十九年桓公與夫人蔡姬戲船中蔡姬習水蕩公賈逵曰蕩搖也公懼止之不止出船怒歸蔡姬弗絕蔡亦怒嫁其女桓公聞而怒興師往伐三十年春齊桓公率諸侯伐蔡蔡潰服虔曰民逃其上曰潰也遂伐楚楚成王興師問曰何故涉吾地管仲對曰昔召康公命我先君太公曰五侯九伯若實征之以夾輔周室左傳曰周公太公股肱周室夾輔成王也賜我先君履杜預曰所踐履之界東至海西至河南至穆陵北至無棣楚貢包茅不入王祭不共賈逵曰包茅菁茅包匭之也以供祭祀杜預曰尚書包匭菁茅茅之為異未審是以來責昭王南征不復是以來問服虔曰周昭王南巡狩涉漢未濟船解而溺昭王王室諱之不以赴諸侯不知其故故桓公以為辭責問楚也。索隱曰宋衷云昭王南伐楚辛由靡為右涉漢中流而隕由靡逐王遂卒不復周乃侯其後于西翟楚王曰貢之不入有之寡人罪也敢不共乎昭王之出不復君其問之水濱杜預曰昭王時漢非楚境故不受罪齊師進次于陘杜預曰陘楚地潁川召陵縣南有陘亭左傳曰凡師一宿為舍再宿為信過信為次夏楚王使屈完將兵扞齊齊師退次召陵杜預曰召陵潁川縣桓公矜屈完以其衆屈完曰君以道則可若不則楚方城以為城服虔曰方城山在漢南韋昭曰方城楚北之阨塞杜預曰方城山在南陽葉縣南是也。索隱曰地理志葉縣南有長城號曰方城則杜預韋昭說為得而服氏云在漢南未知有何依據江漢以為溝君安

能進乎乃與屈完盟而去過陳陳袁濤塗詐齊
令出東方覺秋齊伐陳左傳曰討不忠也是歲晉殺太子
申生三十五年夏會諸侯于葵丘杜預曰陳留外黃縣東有葵丘也
周襄王使宰孔賜桓公文武胙彤弓矢大路賈逵曰大路諸侯朝服之車謂之金路
命無拜桓公欲許之管仲曰不
可乃下拜受賜韋昭曰下堂拜賜也秋復會諸侯於葵丘益
有驕色周使宰孔會諸侯頗有叛者公羊傳曰葵丘之會桓公震而矜之叛者九國
晉侯病後遇宰孔宰孔曰齊侯驕矣弟
無行從之是歲晉獻公卒里克殺奚齊卓子徐廣曰史記卓多作悼正義曰卓丑角反
秦穆公以夫人入公子夷吾爲

晉君桓公於是討晉亂至高梁服虔曰晉地也杜預曰在平陽縣西南
使隰朋立晉君還是時周室微唯齊楚秦晉
爲彊晉初與會正義曰與音預下同獻公死國內亂秦穆公
辟遠不與中國會盟楚成王初收荊蠻有之夷
狄自置唯獨齊爲中國會盟而桓公能宣其德
故諸侯賓會於是桓公稱曰寡人南伐至召陵
望熊山北伐山戎離枝孤竹地理志曰令支縣有孤竹城疑離枝即令支也令離聲相近應劭曰令音鈴鈴離聲亦相近管子亦作離字○索隱曰離枝音零支又音令祗又如字離枝孤竹皆古國名秦以離支爲縣故地理志云遼西令支縣有孤竹城爾雅曰孤竹北戶西王母日下謂之西荒也
西伐大
夏涉流沙正義曰大夏并州晉陽是也
東馬懸車登太行至卑

耳山 正義曰卑音壁劉伯莊及韋昭並如字 而還諸侯莫違寡人寡人兵車之會三 正義曰左傳云魯莊十三年會北杏以平宋亂僖四年侵蔡遂伐楚六年伐鄭圍新城也 乘車之會六 正義曰左傳云魯莊十四年會于鄄十五年又會鄄十六年同盟于幽僖五年會首止八年盟于洮九年會葵丘是也 九合諸侯一匡天下 正義曰匡正也一匡天下謂定襄王爲太子之位也 昔三代受命有何以異於此乎吾欲封泰山禪梁父管仲固諫不聽乃說桓公以遠方珍怪物至乃得封桓公乃止三十八年周襄王弟帶與戎翟合謀伐周齊使管仲平戎於周周欲以上卿禮管仲管仲頓首曰臣陪臣安敢三讓乃受下卿禮以見三十九年周襄王弟帶來奔

齊齊使仲孫請王爲帶謝襄王怒弗聽四十一年秦穆公虜晉惠公復歸之是歲管仲隰朋皆卒 正義曰括地志云管仲冢在青州臨淄縣南二十一里牛山上與桓公冢連隰朋墓在青州臨淄縣東北七里也 管仲病桓公問曰羣臣誰可相者管仲曰知臣莫如君公曰易牙如何 正義曰即雍巫也賈逵云雍巫雍人名巫易牙也 對曰殺子以適君非人情不可公曰開方如何 正義曰管子云衛公子開方去其千乘之太子而臣事君也 對曰倍親以適君非人情難近公曰豎刀如何 正義曰刀鳥條反顏師古云豎刀易牙皆齊桓公臣管仲有病桓公往問之曰將何以教寡人管仲曰願君遠易牙豎刀公曰易牙烹其子以快寡人尚可疑耶對曰人之情非不愛其子也其子之忍又將何愛於君公曰豎刀自宮以近寡人猶尚疑耶對曰人之情非不愛其身也其身之忍又將何

有於君公曰諾管仲遂盡逐之而公食不甘心不怡者三年公曰仲父不已過乎於是皆即召反明年公有病易牙豎刀相與作亂塞宮門築高牆不通人有一婦人踰垣入至公所公曰我欲食婦人曰吾無所得又曰我欲飲婦人曰吾無所得公曰何故曰易牙豎刀相與作亂塞宮門築高牆不通人故無所得公慨然歎涕出曰嗟乎聖人所見豈不遠哉若死者有知我將何面目見仲父乎蒙衣袂而死乎壽宮蟲流於戶蓋以楊門之扇二月不葬也對曰自宮以適君非人情難親管仲死而桓公不用管仲言卒近用三子三子專權四十二年戎伐周周告急於齊齊令諸侯各發卒戍周是歲晉公子重耳來桓公妻之四十三年初齊桓公之夫人三曰王姬徐姬蔡姬皆無子索隱曰系本徐嬴姓禮婦人稱國及姓今此言徐姬者然姬是衆妾之揔稱故漢祿秩令云姬妾數百婦人亦揔稱姬未必盡是姓也桓公好內服虔曰內婦官也多內寵如夫人者六人長衛姬生無詭索隱曰左氏作無虧少衛姬生惠公元鄭姬生孝公昭葛嬴生昭公潘密姬生懿公商人宋華子賈逵曰宋華氏之女子姓生公子雍桓公與管仲屬孝公於宋襄公以為太子雍巫有寵於衛共姬賈逵曰雍巫雍人名巫易牙字。索隱曰賈逵以雍巫為易牙未知何據按管子有棠巫恐與雍巫是一人也因宦者豎刀以厚獻於桓公亦有寵桓公許之立無詭杜預曰易牙既有寵於公為長衛姬請立管仲卒五公子皆求立冬十月乙亥齊桓公卒易牙入與豎刀因內寵殺羣吏服虔曰內寵如夫人者六人羣吏諸大夫也杜預曰內寵內官之有權寵者而立公子無詭為君太子昭奔

宋桓公病五公子各樹黨爭立及桓公卒遂相
攻以故宮中空莫敢棺正義音古患反桓公尸在牀上六
十七日尸蟲出于戶十二月乙亥無詭立乃棺
赴辛巳夜斂殯徐廣曰斂一作臨也桓公十有餘子要其後
立者五人無詭立三月死無謚次孝公次昭公
次懿公次惠公孝公元年三月宋襄公率諸侯
兵送齊太子昭而伐齊齊人恐殺其君無詭齊
人將立太子昭四公子之徒攻太子太子走宋
宋遂與齊人四公子戰五月宋敗齊四公子師
而立太子昭是為齊孝公宋以桓公與管仲屬

之太子故來征之以亂故八月乃葬齊桓公皇覽
曰桓公冢在臨菑城南七里所菑水南。正義曰括地志云
齊桓公墓在臨菑縣南二十一里牛山上亦名鼎足山一名
牛首堈一所二墳晉永嘉末人發之初得版次得水銀池有
氣不得入經數日乃牽犬入中得金蠶數十薄珠襦玉匣繒
綵軍器不可勝數又以
人殉葬骸骨狼藉也六年春齊伐宋以其不同盟
于齊也服虔曰魯僖公十九年諸侯盟于齊以無忘
桓公之德宋襄公欲行霸道不與盟故伐之夏宋
襄公卒七年晉文公立十年孝公卒孝公弟潘
因衛公子開方殺孝公子而立潘是為昭公昭
公桓公子也其母曰葛嬴昭公元年晉文公敗
楚於城濮正義曰賈逵云衛地也而會諸侯踐土朝周天子
使晉稱伯正義曰音霸六年翟侵齊晉文公卒秦兵敗

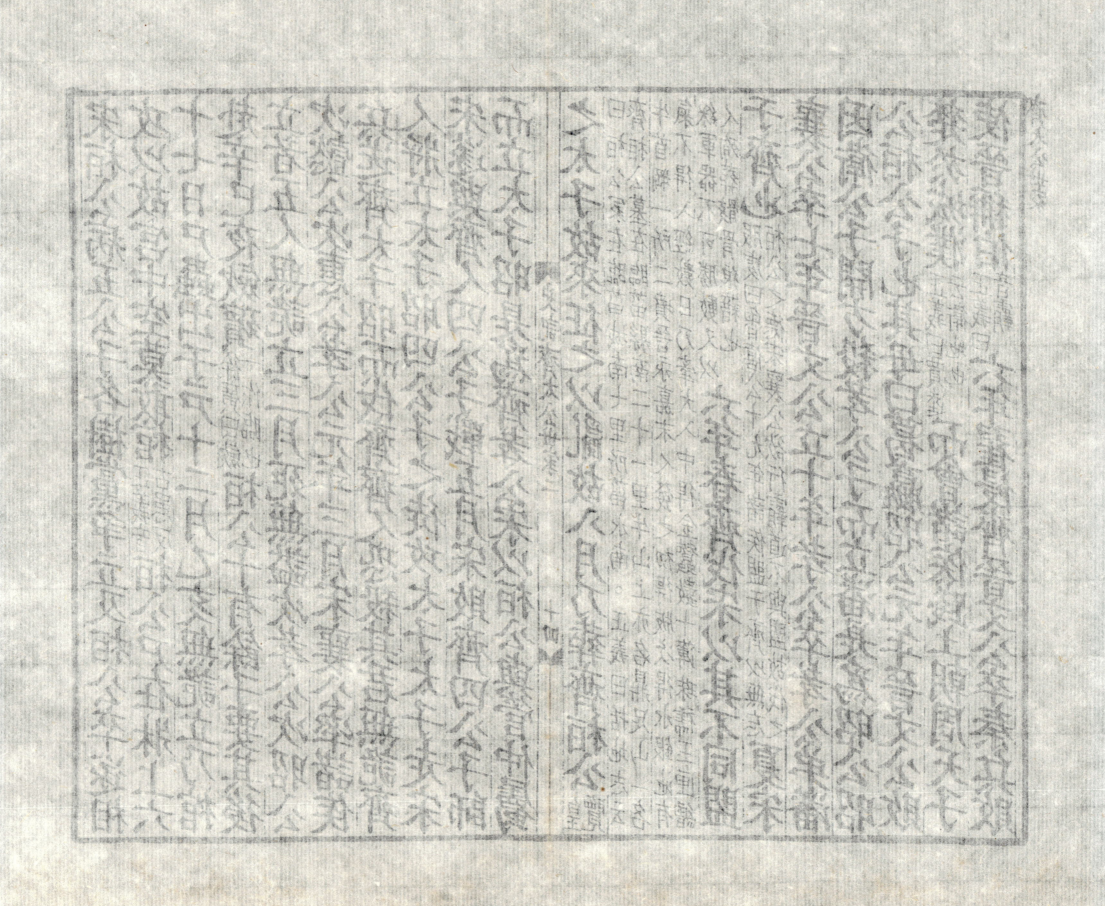

於殽十二年秦穆公卒十九年五月昭公卒子舍立爲齊君舍之母無寵於昭公國人莫畏昭公之弟商人以桓公死爭立而不得陰交賢士附愛百姓百姓說及昭公卒子舍立孤弱即與衆十月即墓上弒齊君舍而商人自立是爲懿公懿公桓公子也其母曰密姬懿公四年春初懿公爲公子時與丙戎之父獵爭獲不勝及即位斷丙戎父足而使丙戎僕 賈逵曰僕御也。索隱曰左氏作邴歜僕。正義曰左傳云乃掘而刖之杜預云斷其尸足也 庸職之妻 正義曰國語及左傳作閻職 好公內之宮使庸職驂乘 索隱曰左氏作閻職此言庸職不同者傳所云閻姓職名也此言庸職庸非姓蓋謂受雇職之妻史意不同字亦異耳 五月懿公游於申池 杜預曰齊南城門名申門齊城無池唯此門左右有池疑此是也左思齊都賦註曰申池海濱齊藪也 二人浴戲職曰斷足子戎曰奪妻者二人俱病此言乃怨謀與公游竹中二人弒懿公車上棄竹中而亡去懿公之立驕民不附齊人廢其子而迎公子元於衛立之是爲惠公惠公桓公子也其母衛女曰少衛姬避齊亂故在衛惠公二年長翟來 穀梁傳曰身橫九畝斷其首而載之眉見於軾 王子城父攻殺之 賈逵曰王子城父齊大夫 埋之於北門晉趙穿弒其君靈公十年惠公卒子頃公無野立 正義曰頃音傾 初崔杼有寵於惠公惠

公卒高國畏其偪也逐之崔杼奔衛頃公元年
楚莊王彊伐陳二年圍鄭鄭伯降已復國鄭伯
六年春晉使郤克於齊齊使夫人帷中而觀之
郤克上夫人笑之郤克曰不是報不復涉河歸
請伐齊晉侯弗許齊使至晉郤克執齊使者四
人河內殺之八年晉伐齊齊以公子彊質晉晉
兵去十年春齊伐魯衛魯衛大夫如晉請師皆
因郤克（索隱曰成二年左傳魯臧宣叔衛孫桓子如晉皆主於郤克是）晉使郤克以車
八百乘（賈逵曰八百乘六萬人）為中軍將士燮將上軍欒書
將下軍以救魯衛伐齊六月壬申與齊侯兵合

靡笄下（徐廣曰靡一作摩賈逵曰靡笄山名也○索隱曰靡如字靡笄山名在齊南與代地磨山不同）癸
酉陳于鞌（服虔曰鞌齊地名也）逢丑父（賈逵曰齊大夫）為齊頃公右
頃公曰馳之破晉軍會食射傷郤克流血至履
克欲還入壁其御曰我始入再傷不敢言疾恐
懼士卒願子忍之遂復戰戰齊急丑父恐齊侯
得乃易處頃公為右車絓於木而止（正義曰絓胡卦反止也有所礙也）
晉小將韓厥伏齊侯車前曰寡君使臣救
魯衛戲之丑父使頃公下取飲（正義曰左傳云及華泉驂絓於木而止丑父使公下如華泉取飲周父御左車苑茷為右載齊侯獲免也）因得亡脫去入其軍晉
郤克欲殺丑父丑父曰代君死而見僇後人臣

無忠其君者矣克舍之丑父遂得亡歸齊於是晉軍追齊至馬陵（徐廣曰一作陘。駰案賈逵曰馬陘齊地也）齊侯請以寶器謝（左傳曰賂以紀甗玉磬也）不聽必得笑克者蕭桐叔子（杜預曰桐叔蕭君之字齊侯外祖父子女也難斥言其母故遠言之賈逵曰蕭附庸子姓）令齊東畝（服虔曰欲令齊隴畝東行○索隱曰隴畝東行則齊車馬東向齊行易也）對曰叔子齊君母齊君母亦猶晉君母子安置之且子以義伐而以暴爲後其可乎於是乃許令反魯衛之侵地（正義曰左傳云晉師及齊國使齊人歸我汶陽之田也）十一年晉初置六卿賞鞌之功齊頃公朝晉欲尊王晉景公（索隱曰王劭按張衡曰禮諸侯朝天子執玉既授而反之若諸侯自相朝則不授玉齊頃公戰敗朝晉而授玉是欲尊晉侯爲王太史公採其言而書之此文不云授玉王氏之說復有所依聊記異耳）晉景公不敢受乃歸歸而頃公弛苑囿薄賦斂振孤問疾虛積聚以救民民亦大說厚禮諸侯竟頃公卒百姓附諸侯不犯十七年頃公卒（皇覽曰頃公冢近呂尚冢）子靈公環立靈公九年晉欒書弒其君厲公十年晉悼公伐齊齊令公子光質晉十九年立子光爲太子高厚傅之令會諸侯盟於鍾離（正義曰括地志云鍾離故城在沂州承縣界）二十七年晉使中行獻子伐齊（索隱曰荀偃祖林父代爲中行後改姓爲中行氏獻子名偃）齊師敗靈公走入臨菑晏嬰止靈公靈公弗從曰君亦無勇矣晉兵遂圍臨菑臨菑城守不敢出

[illegible]

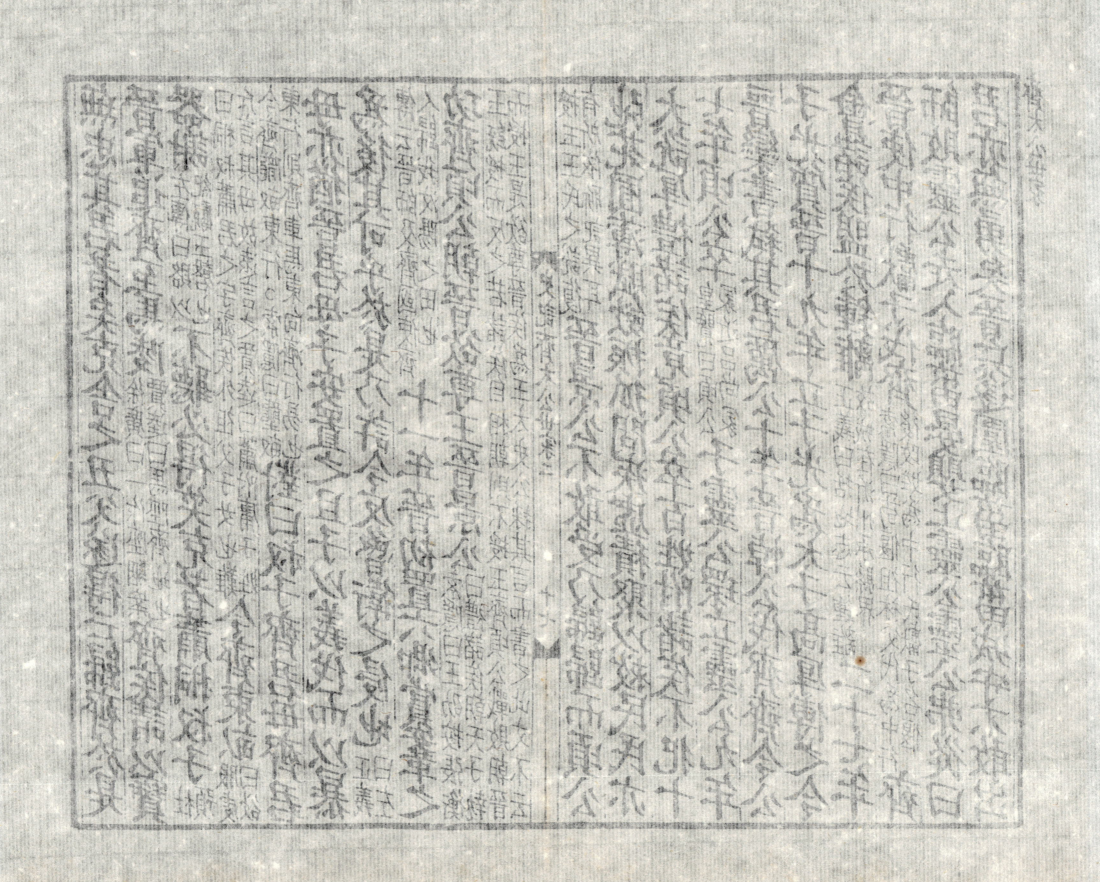

晉焚郭中而去二十八年初靈公取魯女生子
光以爲太子仲姬戎姬戎姬嬖仲姬生子牙屬
之戎姬戎姬請以爲太子公許之仲姬曰不可
光之立列於諸侯矣 服虔曰數從諸侯征伐盟會 今無故廢之
君必悔之公曰在我耳遂東太子光 賈逵曰徙之東垂也 使
高厚傅牙爲太子靈公疾崔杼迎故太子光而
立之是爲莊公莊公殺戎姬五月壬辰靈公卒
莊公即位執太子牙於句竇之丘殺之八月崔
杼殺高厚晉聞齊亂伐齊至高唐 杜預曰高唐在祝阿縣西北
莊公三年晉大夫欒盈奔齊 徐廣曰史記多作逞 莊公厚客

待之晏嬰田文子諫公弗聽四年齊莊公使欒
盈間入晉曲沃 賈逵曰欒盈之邑 爲內應以兵隨之上太
行入孟門 賈逵曰孟門太行皆晉山隘也○索隱曰孟門山在朝歌東北太行山在河內溫縣西 欒
盈敗齊兵還取朝歌 賈逵曰晉邑 六年初棠公妻好 賈逵
曰棠公齊棠邑大夫 棠公死崔杼取之莊公通之數如崔氏
以崔杼之冠賜人侍者曰不可崔杼怒因其伐
晉欲與晉合謀襲齊而不得閒莊公嘗笞宦者
賈舉賈舉復侍爲崔杼閒公 服虔曰伺公閒隙○正義閒音閑又如字 以
報怨五月莒子朝齊齊以甲戌饗之崔杼稱病
不視事乙亥公問崔杼病遂從崔杼妻崔杼妻

入室與崔杼自閉戶不出公擁柱而歌（服虔曰公以爲姜氏不知已在外故歌以命之也一曰公自知見欺恐不得出故歌以自悔）宦者賈舉遮公從官而入閉門崔杼之徒持兵從中起公登臺而請解不許請盟不許請自殺於廟不許皆曰君之臣杼疾病不能聽命（服虔曰言不能親聽公命）近於公宮（服虔曰崔杼之宮近公宮淫者或詐稱公）陪臣爭趣（徐廣曰爭一作扞。索隱曰左傳作扞趣此爲爭趣者是太史公變左傳之文言陪臣但爭趣投有淫者耳更不知他命也）有淫者不知二命（杜預曰言得淫人受崔子命討之不知他命也）公踰牆射中公股公反墜遂弒之晏嬰立崔杼門外（賈逵曰聞難而來）曰君爲社稷死則死之爲社稷亡則亡之（服虔曰謂以公義爲社稷死亡也如是者臣亦隨之死亡）若

爲己死己亡非其私暱誰敢任之（服虔曰言君自以己之私欲取死亡之禍則私近之臣所當任也杜預曰私暱所親愛也非所親愛無爲當其禍也）門開而入枕公尸而哭三踊而出人謂崔杼必殺之崔杼曰民之望也舍之得民（服虔曰置之所以得人心）丁丑崔杼立莊公異母弟杵臼（徐廣曰史記多作箸臼）是爲景公景公母魯叔孫宣伯女也景公立以崔杼爲右相慶封爲左相二相恐亂起乃與國人盟曰不與崔慶者死晏子仰天曰嬰所不獲唯忠於君利社稷者是從不肯盟慶封欲殺晏子崔杼曰忠臣也舍之齊太史書曰崔杼弒莊公崔杼殺之其弟復

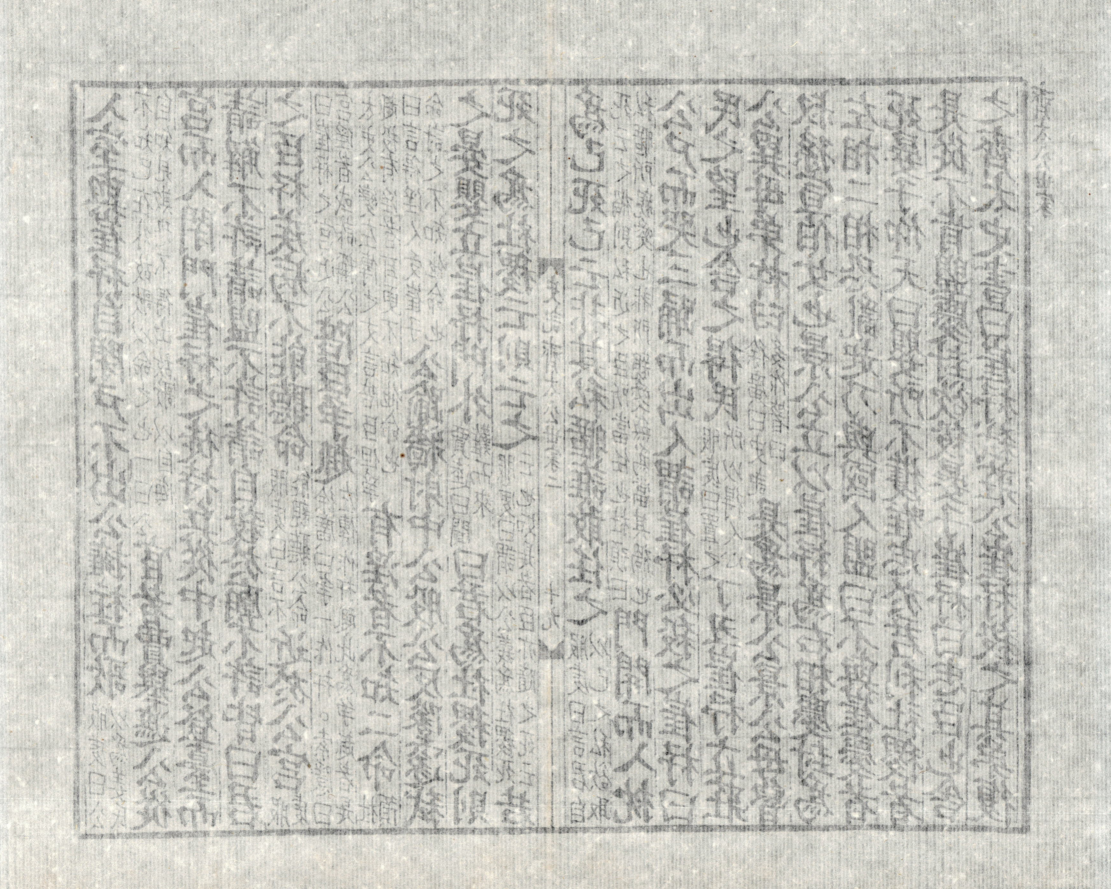

書崔杼復殺之少弟復書崔杼乃舍之景公元
年初崔杼生子成及彊其母死取東郭女生明
東郭女使其前夫子無咎與其弟偃正義曰杜預云東郭偃東
郭姜之弟也相崔氏成有罪正義曰左傳云成有疾而廢之杜預云有惡疾也二相
急治之立明為太子成請老於崔杼崔杼許之
二相弗聽曰崔宗邑不可杜預曰濟陽東朝陽縣西北有崔氏城也成彊
怒告慶封正義曰左傳云成彊告慶封曰夫子身亦子所知也唯無咎與偃是從父兄莫能進矣恐害夫
子敢以告慶封曰苟利夫子必去之難吾助汝乃殺東郭偃棠無咎於崔氏朝也其妻及崔杼皆縊死崔明奔魯慶
封與崔杼有郤欲其敗也成彊殺無咎偃於崔
杼家家皆奔亡崔杼怒無人使一宦者御見慶

封慶封曰請為子誅之使崔杼仇盧蒲嫳賈逵曰嫳
齊大夫慶封之屬攻崔氏殺成彊盡滅崔氏崔氏婦自殺
崔杼歸亦自殺慶封為相國專權三年十月慶
封出獵初慶封已殺崔杼益驕嗜酒好獵不聽
政令慶舍用政服虔曰舍慶封之子也生傳其職政與子已有內郤田文
子謂桓子曰亂將作田鮑高欒氏相與謀慶氏
慶舍發甲圍慶封宮四家徒共擊破之慶封還
不得入奔魯齊人讓魯封奔吳吳與之朱方聚
其族而居之富於在齊其秋齊人徙葬莊公僇
崔杼尸於市以說衆九年景公使晏嬰之晉與

叔向私語曰齊政卒歸田氏田氏雖無大德以公權私有德於民民愛之十二年景公如晉見平公欲與伐燕十八年公復如晉見昭公二十六年獵魯郊因入魯與晏嬰俱問魯禮三十一年魯昭公辟季氏難奔齊齊欲以千社封之賈逵曰二十五家爲一社千社二萬五千家也子家止昭公昭公乃請齊伐魯取鄆正義曰鄆鄆城也以居昭公三十二年彗星見景公坐柏寢嘆曰堂堂誰有此乎服虔曰景公自恐德薄不能久享齊國故曰誰有此也羣臣皆泣晏子笑公怒晏子曰臣笑羣臣諛甚景公曰彗星出東北當齊分野寡人以爲憂晏子曰君高臺深池賦斂如弗得刑罰恐弗勝茀星將出彗星正義曰茀音佩謂客星侵近邊側欲相害又曰彗息歲反若篲形見其境有亂也何懼乎公曰可禳否晏子曰使神可祝而來正義祝音章受反亦可禳而去也百姓苦怨以萬數而君令一人禳之安能勝衆口乎是時景公好治宮室聚狗馬奢侈厚賦重刑故晏子以此諫之四十二年吳王闔閭伐楚入郢四十七年魯陽虎攻其君不勝奔齊請齊伐魯鮑子諫景公乃囚陽虎陽虎得亡奔晉四十八年與魯定公好會夾谷服虔曰東海祝其縣是也犂鉏曰孔丘知禮而怯請令

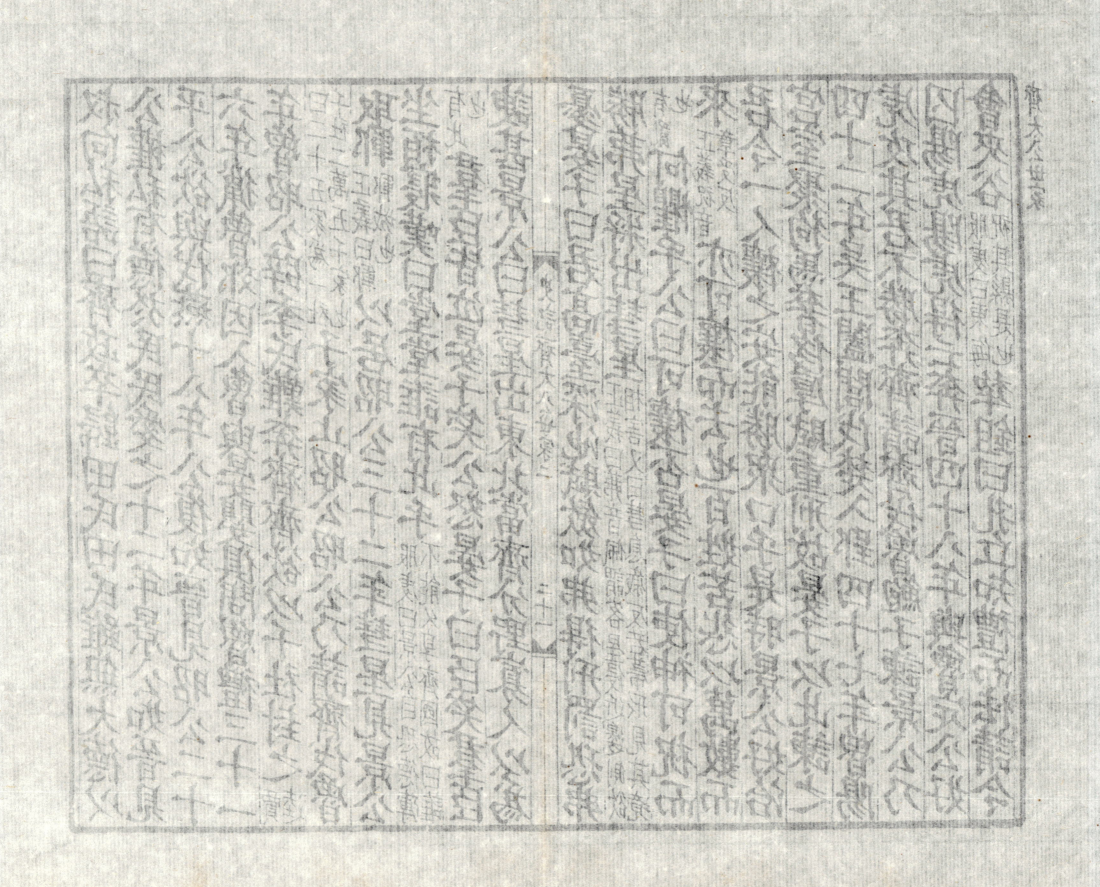

萊人爲樂杜預曰萊人齊所滅萊夷。索隱曰鉏音即餘反即犂彌也因執魯君可
得志景公害孔丘相魯懼其霸故從犂鉏之計
方會進萊樂孔子歷階上使有司執萊人斬之
以禮讓景公景公慙乃歸魯侵地以謝而罷去
是歲晏嬰卒五十五年范中行反其君於晉晉
攻之急來請粟田乞欲爲亂樹黨於逆臣說景
公曰范中行數有德於齊不可不救乃使乞救
而輸之粟五十八年夏景公夫人燕姬適子死
景公寵妾芮姬生子荼索隱曰左傳云鬻姒之子荼嬖則荼母姓姒此作芮姬不同也
譙周依左氏作鬻姒鄒誕生本作芮姁姁音五句反荼少其母賤無行諸大夫

恐其爲嗣乃言願擇諸子長賢者爲太子景公
老惡言嗣事又愛荼母欲立之憚發之口乃謂
諸大夫曰爲樂耳國何患無君乎秋景公病命
國惠子高昭子杜預曰惠子國夏也昭子高張也立少子荼爲太
子逐羣公子遷之萊服虔曰萊齊東鄙邑景公卒皇覽曰景公冢與桓公冢
同處太子荼立是爲晏孺子冬未葬而羣公子畏
誅皆出亡荼諸異母兄公子壽駒黔奔衛徐廣曰一
云壽黔奔衛。索隱曰壽一作嘉三人奔衛。正義曰三公子公子駔陽生奔魯索隱曰左
氏作公子鉏二人奔魯萊人歌之曰景公死乎弗與埋三軍
事乎弗與謀服虔曰萊人見五公子遠遷鄙邑不得與景公葬埋之事及國三軍之謀故愍而歌杜預

曰稱謚蓋葬後而爲此歌哀羣公子失所也師乎師乎胡黨之乎服虔曰徒衆也黨所也言公子徒衆何所適也晏孺子元年春田乞僞事高國者每
朝乞驂乘言曰子得君大夫皆自危欲謀作亂
又謂諸大夫曰高昭子可畏及未發先之大夫
從之六月田乞鮑牧乃與大夫以兵入公宮攻
高昭子昭子聞之與國惠子救公公師敗田乞
之徒追之國惠子奔莒遂反殺高昭子晏圉奔
魯賈逵曰圉晏嬰之子八月齊秉意茲徐廣曰左傳八月齊邴意茲奔魯田乞
敗二相乃使人之魯召公子陽生陽生至齊私
匿田乞家十月戊子田乞請諸大夫曰常之母

有魚菽之祭何休曰齊俗婦人首祭事言魚豆者示薄陋無所有也幸來會飲會
飲田乞盛陽生橐中置坐中央發橐出陽生曰
此乃齊君矣大夫皆伏謁將與大夫盟而立之
鮑牧醉乞誣大夫曰吾與鮑牧謀共立陽生鮑
牧怒曰子忘景公之命乎諸大夫相視欲悔陽
生前頓首曰可則立之否則已鮑牧恐禍起乃
復曰皆景公子也何爲不可乃與盟立陽生是
爲悼公悼公入宮使人遷晏孺子於駘賈逵曰齊邑殺
之幕下而逐孺子母芮子芮子故賤而孺子少
故無權國人輕之悼公元年齊伐魯取讙闡杜預

曰闡在東平剛縣北。索隱曰二邑名讙在博城縣西南 初陽生亡在魯季康子以其妹妻之及歸即位使迎之季姬與季魴侯通 杜預曰魴侯康子叔父也 言其情魯弗敢與故齊伐魯竟迎季姬季姬嬖齊復歸魯侵地鮑子與悼公有郤不善四年吳魯伐齊南方鮑子弑悼公赴于吳吳王夫差哭於軍門外三日將從海入討齊齊人敗之吳師乃去晉趙鞅伐齊至賴而去 服虔曰賴齊邑 齊人共立悼公子壬是為簡公 徐廣曰年表云簡公壬者景公之子也 簡公四年春初簡公與父陽生俱在魯也闞止有寵焉 賈逵曰闞止子我也。索隱曰左氏監作闞音苦濫反闞在東平須昌縣東南 及即位

使為政田成子憚之驟顧於朝 杜預曰心不安故數顧也 御鞅言簡公 賈逵曰鞅齊大夫也。索隱曰鞅名為僕御之官故曰御鞅亦田氏之族按系本陳桓子无宇產子亹亹產子獻獻產鞅也 曰田闞不可並也君其擇焉 杜預曰擇用一人也 弗聽子我夕 服虔曰夕省事 田逆殺人逢之 服虔曰子我將往夕省事於君而逢逆之殺人也杜預曰逆子行陳氏宗 遂捕以入 杜預曰執逆入至於朝也 田氏方睦 服虔曰陳常方欲謀有齊國故和其宗族 使囚病而遺守囚者酒 服虔曰使陳逆詐病而遺也 醉而殺守者得亡子我盟諸田於陳宗 服虔曰子我見陳逆得生出而恐為陳氏所怨故與盟而請和也陳宗宗長之家 初田豹欲為子我臣 賈逵曰豹陳氏族也 使公孫言豹 賈逵曰公孫齊大夫也杜預曰言介達之意 豹有喪而止後卒以為臣 杜預曰終喪也 幸於子我子我謂

曰吾盡逐田氏而立女可乎對曰我遠田氏矣服虔曰言我與陳氏宗疏遠也且其違者不過數人服虔曰違者不從子我者何盡逐焉遂告田氏子行曰彼得君弗先必禍子服虔曰彼謂闞止也子謂陳常也子行舍於公宮服虔曰止於公宮為陳氏作內間也夏五月壬申成子兄弟四乘如公服虔曰成子兄弟八人二人共一乘故曰四乘。索隱曰系本陳僖子乞產成子常簡子齒宣子其夷穆子安廩丘子尚盬茲子芒盈惠子得凡七人杜預又取昭子莊以充八人之數按系本昭子是桓公之子成子之叔父又不名莊彊相證會言四乘有八人耳今按田完系家云田常兄弟四人如公宮與此事同今此唯稱四乘不云人數知四乘謂弟兄四人乘車而入非二人共乘也然其昆弟三人不見者蓋時或不在不同入公宮不可彊以四乘為八人添叔父為兄弟之數服虔杜預之失也子我在幄杜預曰幄帳也聽政之處也出迎之遂入閉門服虔曰成子兄弟見子我出遂突入反閉門子我不得復入宦者禦之服虔曰閹豎以兵禦陳氏子行殺宦者服虔曰舍於公宮故得殺之公與婦人飲酒于檀臺服虔曰當陳氏入時飲酒於此臺成子遷諸寢服虔曰欲徙公令居寢也公執戈將擊之杜預曰疑其作亂也太史子餘服虔曰齊大夫曰非不利也將除害也杜預曰言將為公除害也成子出舍于庫杜預曰以公怒故也聞公猶怒將出服虔曰出奔也曰何所無君子行拔劍曰需事之賊也杜預曰言需疑則害也誰非田宗杜預曰言陳氏宗族眾多所不殺子者有如田宗杜預曰言子若欲出我必殺子明如陳宗乃止子我歸屬徒服虔曰會徒眾攻闈與大門服虔曰宮中之門曰闈大門公門也皆弗勝乃出田氏追之豐丘人執子我以告賈逵曰豐丘陳氏邑也殺之郭關服虔曰齊關名

成子將殺大陸子方 服虔曰子方子我黨大夫東郭賈也 田逆請而免之以公命取車於道 杜預曰子方取道中行人車 出雍門 杜預曰齊城門 田豹與之車弗受曰逆爲余請豹與余車余有私焉事子我而有私於其讎何以見魯衛之士 服虔曰子方將欲奔魯衛也左傳曰東郭賈奔衛 庚辰田常執簡公于徐州 春秋作舒州賈逵曰陳氏邑也。索隱曰徐音舒其字從人左氏作舒舒陳氏邑說文作郐郐在薛縣也 公曰余蚤從御鞅言不及此甲午田常弒簡公于徐州田常乃立簡公弟驁是爲平公 索隱曰系本及譙周皆作敬誤也 平公即位田常相之專齊之政割齊安平以東爲田氏封邑 徐廣曰年表云平公之時抑自出稱田氏。索隱曰安平齊邑地理志云涿郡有安平縣

平公八年越滅吳二十五年卒子宣公積立宣公五十一年卒子康公貸立田會反廩丘 索隱曰田會齊大夫廩邑名東郡有廩丘縣也 康公二年韓魏趙始列爲諸侯十九年田常曾孫田和始爲諸侯遷康公海濱二十六年康公卒呂氏遂絕其祀田氏卒有齊國爲齊威王彊於天下

太史公曰吾適齊自泰山屬之琅邪北被于海膏壤二千里其民闊達多匿知其天性也以太公之聖建國本桓公之盛脩善政以爲諸侯會盟稱伯不亦宜乎洋洋哉固大國之風也

索隱述贊曰

太公佐周　實秉陰謀　既表東海
乃居營丘　小白致霸　九合諸侯
及溺內寵　釁鍾蟲流　莊公失德
崔杼作仇　陳氏傳政　厚貨輕收
悼簡遘禍　田闞非儔　渢渢餘烈
一變何由

史柒阡貳伯叁拾壹字
註伍阡肆伯捌拾伍字

齊太公世家第二　史記三十二

魯周公世家第三　　史記三十三

周公旦者周武王弟也譙周曰以太王所居周地爲其采邑故謂周公。索隱曰周地名在岐山之陽本太王所居後以爲周公之菜邑故曰周公即今之扶風雍東北故周城也謚曰周文公見國語自文王在時旦爲子孝篤仁異於羣子索隱曰鄒誕本孝作敬及武王即位旦常輔翼武王用事居多武王九年東伐至盟津周公輔行十一年伐紂至牧野正義曰衛州即牧野之地東北去朝歌七十三里周公佐武王作牧誓破殷入商宮已殺紂周公把大鉞召公把小鉞以夾武王釁社告紂之罪于天及殷民釋箕子之囚封紂子武庚祿父使管叔蔡叔傅之以續殷

祀徧封功臣同姓戚者封周公旦於少昊之虚曲阜正義曰括地志云兖州曲阜縣外城即魯公伯禽所築也是爲魯公周公不就封留佐武王武王克殷二年天下未集武王有疾不豫羣臣懼太公召公乃繆卜徐廣曰古書穆字多作繆周公曰未可以戚我先王孔安國曰戚近也未可以死近先王也鄭玄曰二公欲就文王廟卜戚憂也未可憂怖我先王也周公於是乃自以爲質設三壇周公北面立戴璧秉圭孔安國曰璧以禮神圭以爲贄告于太王王季文王孔安國曰告謂祝辭史策祝孔安國曰史爲策書祝詞也鄭玄曰策周公所作謂簡書也祝者讀此簡書以告三王曰惟爾元孫王發勤勞阻疾徐廣曰阻一作淹若爾三王是有負子之責於天以旦代王

發之身孔安國曰太子之責謂疾不可救也不可救于天則當以旦代之死生有命不可請代聖人敘臣子之心以垂世教。索隱曰尚書負爲丕今此爲負者謂三王負上天之責故我當代之鄭玄曰丕讀曰負旦巧
能多材多藝能事鬼神孔安國曰言可以代武王之意乃王發不
如旦多材多藝不能事鬼神乃命于帝庭敷佑
四方馬融曰武王受命于天帝之庭布其道以佑助四方用能定汝子孫于下
地四方之民罔不敬畏孔安國曰言武王用受命帝庭能定先人子孫於天下四方之民無不敬畏也無墜天之降葆命我先王亦永有所依
歸孔安國曰言不救則墜天寶命也救之則先王長有所依歸矣鄭玄曰降下也寶猶神也有所依歸爲宗廟之主也
○正義墜直類反今我其即命於元龜孔安國曰就受三王之命於元龜卜知吉凶者
也馬融曰元龜大龜也爾之許我我以其璧與圭歸以俟爾

命孔安國曰許謂疾瘳待命當以事神也馬融曰待汝命武王當愈我當死也爾不許我我
乃屏璧與圭孔安國曰不許不愈也屏藏言不得事神周公已令史策告
太王王季文王欲代武王發於是乃即三王而
卜卜人皆曰吉發書視之信吉孔安國曰占兆書也周公喜
開籥乃見書遇吉王肅曰籥藏占兆書管也周公入賀武王曰
王其無害旦新受命三王維長終是圖孔安國曰我新受三
王命武王維長終是謀周之道茲道能念予一人馬融曰一人天子也鄭玄曰茲此也周
公藏其策金縢匱中孔安國曰藏之於匱緘之以金不欲人開也誡守
者勿敢言明日武王有瘳其後武王既崩成王
少在強葆之中索隱曰強葆即襁褓古字少假借用之○正義曰強闊八寸長八尺用約小兒

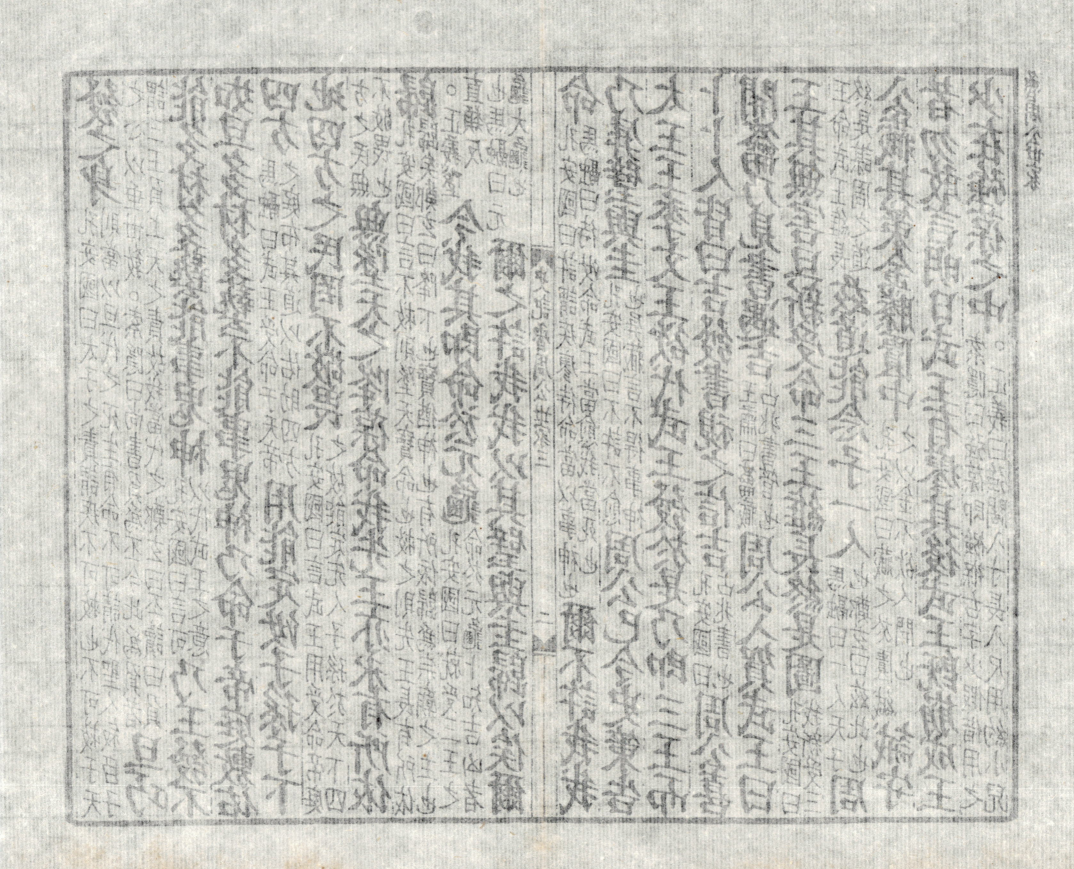

於背而負行葆小兒被也周公恐天下聞武王崩而畔周公乃踐阼代成王攝行政當國管叔及其羣弟流言於國曰周公將不利於成王孔安國曰放言於國以誣周公以惑成王也周公乃告太公望召公奭曰我之所以弗辟正義音避而攝行政者恐天下畔周無以告我先王大王王季文王三王之憂勞天下久矣於今而后成武王蚤終成王少將以成周我所以為之若此於是卒相成王而使其子伯禽代就封於魯周公戒伯禽曰我文王之子武王之弟成王之叔父我於天下亦不賤矣然我一沐三捉髮一

飯三吐哺起以待士猶恐失天下之賢人子之魯慎無以國驕人管蔡武庚等果率淮夷而反周公乃奉成王命興師東伐作大誥遂誅管叔殺武庚放蔡叔收殷餘民以封康叔於衛封微子於宋以奉殷祀寧淮夷東土二年而畢定諸侯咸服宗周天降祉福唐叔得禾異母同穎徐廣曰一作穗穎即穗也。索隱曰尚書作畝此為母義亦並通獻之成王成王命唐叔以餽周公於東土作餽禾周公既受命禾嘉天子命徐廣曰嘉一作魯今書序作旅也。索隱曰魯字誤史意云周公嘉天子命於文不必作魯作嘉禾東土以集周公歸報成王乃為詩貽王命之

曰鴟鴞毛詩序曰成王未知周公之志公乃為詩以遺王名之曰鴟鴞毛傳曰鴟鴞鸋鴂也王亦未敢訓周公徐廣曰訓一作誚○索隱曰尚書作誚誚讓也此作訓字誤耳義無所通徐氏合定其本何須云一作誚也成王七年二月乙未王朝步自周至豐馬融曰周鎬京也豐文王廟所在朝者舉事上朝將即土中易都大事故告文王武王廟鄭玄曰步行也堂下謂之步豐鎬異邑而言步者告武王廟即行出廟入廟不以遠為父恭也○索隱曰豐文王所作邑後武王都鎬於豐立文王廟按豐在鄠縣東臨豐水東去鎬二十五里也使太保召公先之雒相土鄭玄曰相視也其三月周公往營成周雒邑公羊傳曰成周者何東周也何休曰名為成周者周道始成王所都也卜居焉曰吉遂國之成王長能聽政於是周公乃還政於成王成王臨朝周公之代成王治南面倍依以朝諸侯禮記曰周公朝諸侯于明堂之位天子負

斧依南向而立鄭玄曰周公攝王位以明堂之禮儀朝諸侯也不於宗廟避王也天子周公也負之言倍也斧依為斧文屏風於戶牖之間周公於前立也及七年後還政成王北面就臣位匑匑如畏然徐廣曰匑匑謹敬貌也見三蒼音穹穹一本作夔夔也初成王少時病周公乃自揃其蚤沈之河以祝於神曰王少未有識奸神命者乃旦也亦藏其策於府成王病有瘳及成王用事人或譖周公周公奔楚索隱曰經典無文其事或別有所出而譙周云秦既燔書時人欲言金縢之事失其本末乃云成王少時病周公禱河欲代王死藏祝策于府成王用事人讒周公周公奔楚成王發府見策乃迎周公又與蒙恬傳同事或然也成王發府見周公禱書乃泣反周公周公歸恐成王壯治有所淫佚乃作多士作毋逸毋逸稱為人

父母爲業至長久子孫驕奢忘之以亡其家爲
人子可不慎乎故昔在殷王中宗嚴恭敬畏天
命自度孔安國曰用法度也治民震懼不敢荒寧馬融曰知民之勞苦不敢
荒廢自安也故中宗饗國七十五年其在高宗正義曰武丁也久
勞于外爲與小人孔安國曰父小乙使之久居人間勞是稼穡與小人出入同事也馬融曰
武丁爲太子時其父小乙使行役有所勞役於外與小人從事知小人艱難勞苦也鄭玄曰爲父小乙將師役於外也
作其即位乃有亮闇三年不言孔安國曰武丁起其即王位則小乙死乃
有信嘿三年不言言孝行著也鄭玄曰楣謂之梁闇謂廬也言乃讙鄭玄曰讙喜悅也言乃喜悅則民臣
望其言久矣不敢荒寧密靖殷國馬融曰寧安也至于小大無怨
孔安國曰小大之政民無怨者言無非也故高宗饗國五十五年尚書云五十九年

其在祖甲孔安國曰王肅云祖甲湯孫太甲也馬融曰鄭玄曰祖甲武丁子帝甲也。索隱曰按紀年太
甲唯得十二年此云祖甲享國三十三年知祖甲是帝甲明也不義惟王久爲小人孔安
國曰爲王不義久爲小人之行伊尹放之桐宮馬融曰祖甲有兄祖庚而祖甲賢武丁欲立之祖甲以王廢長立少不義
逃亡民間故曰不義惟王久爲小人也武丁死祖庚立祖庚死祖甲立于外知小人之依
能保施小民不侮鰥寡孔安國曰小人之所依依仁政也故能安順於衆民不敢
侮慢惸獨也故祖甲饗國三十三年王肅曰先中宗後祖甲先盛德後有過也多
士稱曰自湯至于帝乙無不率祀明德帝無不
配天者孔安國曰無敢失天道者故無不配天也在今後嗣王紂誕淫厥
佚不顧天及民之從也徐廣曰一作敬之也駰案馬融曰紂大淫樂其逸無所能顧念
於天施顯道於民而敬之也其民皆可誅周多士文王日中昃

不暇食饗國五十年作此以誡成王成王在豐天下已安周之官政未次序於是周公作周官官別其宜作立政孔安國曰周公既致政成王恐其怠忽故以君臣立政爲戒也以便百姓百姓說周公在豐病將沒曰必葬我成周徐廣曰衞世家云管叔欲襲成周然則或說尚書者不以成周爲洛陽乎諸侯年表叙曰齊晉楚秦其在成周微之甚也以明吾不敢離成王周公既卒成王亦讓葬周公於畢正義曰括地志云周公墓在雍州咸陽北十三里畢原上從文王以明予小子不敢臣周公也周公卒後秋未穫暴風雷雨禾盡偃大木盡拔周國大恐成王與大夫朝服以開金縢書索隱曰尚書武王崩後有此雷風之異今此言周公卒後更有暴風之變始開

金縢之書此不然也蓋由史遷不見古文尚書故謬爾王乃得周公所自以爲功代武王之說徐廣曰一作簡駰案孔安國曰所藏請命策書本也二公及王乃問史百執事孔安國曰二公倡王啓之故先見書也史百執事皆從周公請命者鄭玄曰問者問審然否也史百執事曰信有昔周公命我勿敢言成王執書以泣鄭玄曰泣者傷周公忠孝如是而無知之者曰自今後其無繆卜乎孔安國曰本欲敬卜吉凶今天意可知故止昔周公勤勞王家惟予幼人弗及知今天動威以彰周公之德惟朕小子其迎我國家禮亦宜之王肅曰亦宜褒有德也○正義曰孔安國云周公以成王未寤故留東未還成王改過自新遣使者逆之亦國家禮有德之宜也王孔二說非也按言成王以開金縢之書知天風雷以彰周公之德故成王亦設郊天之禮以迎我國家先祖配食之禮亦當宜之故成王出郊天乃雨反風也王出

郊天乃雨反風禾盡起孔安國曰郊以玉幣謝天也天即反風起禾明郊之是也馬融曰反風風還反也二公命國人凡大木所偃盡起而築之徐廣曰築拾也駰案馬融曰禾爲木所偃者起其木拾其下禾乃無所失亡也歲則大熟於是成王乃命魯得郊禮記曰魯君祀帝于郊配以后稷天子之禮祭文王禮記曰諸侯不得祖天子鄭玄曰魯以周公之故立文王之廟也魯有天子禮樂者以褒周公之德也周公卒子伯禽固已前受封是爲魯公索隱曰周公元子就封於魯次子留相王室代爲周公其餘食小國者六人凡蔣邢茅胙祭也魯公伯禽之初受封之魯三年而後報政周公周公曰何遲也伯禽曰變其俗革其禮喪三年然後除之故遲太公亦封於齊五月而報政周公周公曰何疾也曰吾簡其君臣禮從其俗爲也及後聞伯禽報政遲乃歎曰嗚呼魯後世其北面事齊矣夫政不簡不易民不有近平易近民民必歸之徐廣曰一本云政不簡不行不行不樂不樂則不平易平易近民民必歸之又一本云夫民不簡不易有近乎簡易民必歸之。索隱曰言爲政簡易者民必附近之近謂親近也伯禽即位之後有管蔡等反也淮夷徐戎亦並興反孔安國曰淮浦之夷徐州之戎並起爲寇於是伯禽率師伐之於肹作肹誓徐廣曰一作鮮一作獮駰案尚書作粊孔安國曰魯東郊之地名也。索隱曰尚書作粊誓今尚書大傳作鮮誓鮮誓即肹誓古今字異義亦變也鮮獮也言於肹地誓眾因行獮田之礼以取鮮獸而祭故字或作鮮或作獮粊地名即魯卿季氏之費邑地名曰陳爾甲冑無敢不善無敢傷牿正義曰古毒反牿牛馬牢也今

臣無傷其牢恐牛馬逸馬牛其風臣妾逋逃鄭玄曰風走逸臣妾廝役之屬也勿
敢越逐敬徐廣曰一作振復之孔安國曰勿敢弃越壘伍而求逐也衆人有得佚馬牛逃臣妾皆敬
還無敢寇攘踰牆垣鄭玄曰寇劫取也因其失亡曰攘魯人三郊三
隧王肅曰邑外曰郊郊外曰隧不言四者東郊留守故言三也峙爾芻茭糗糧楨榦
孔安國曰皆當儲峙汝糗糧使足食多積芻茭供軍牛馬馬融曰楨榦皆築具楨在前榦在兩傍。正義曰糗去九反楨音
貞無敢不逮我甲戌築而征徐戎孔安國曰甲戌日當築攻敵壘
距堙之屬無敢不及有大刑馬融曰大刑死刑作此肸誓遂平
徐戎定魯魯公伯禽卒徐廣曰皇甫謐云伯禽以成王元年封四十六年康王十
六年卒子考公酋立索隱曰系本作就鄒本作遒考公四年卒立弟
熙是謂煬公索隱曰熙一作怡煬公築茅徐廣曰一作第又作夷闕門

世本曰煬公徙魯宋忠曰今魯國六年卒子幽公宰立索隱曰世本名圉幽公
十四年幽公弟潰殺幽公而自立是為魏公徐廣
曰世本作微公。索隱曰系本潰作弗音沸魏作微且古書多用魏字作微則大史公意亦不殊魏公五
十年卒子厲公擢立索隱曰系本作翟音持角反厲公三十七年
卒魯人立其弟具是為獻公獻公三十二年卒
徐廣曰劉歆云五十年皇甫謐云三十六年子眞公濞立索隱曰眞音慎本亦作慎公按衛亦有眞
侯可通也濞系本作摯或作鼻音匹位反鄒誕本作慎公鼻嚊也眞公十四年周厲王無
道出奔彘共和行政二十九年周宣王即位三
十年眞公卒弟敖立是為武公武公九年春武
公與長子括少子戲正義曰許義反又音許宜反後同西朝周宣王

宣王愛戲欲立戲爲魯太子周之樊仲山父諫宣王曰廢長立少不順不順必犯王命犯王命必誅之故出令不可不順也令之不行政之不立韋昭曰令不行則政不立行而不順民將弃上韋昭曰使長事少故民將弃上夫下事上少事長所以爲順今天子建諸侯立其少是教民逆也唐固曰言不教之順而教之逆若魯從之諸侯效之王命將有所壅韋昭曰言先王立長之命將壅塞不行也若弗從而誅之是自誅王命也韋昭曰先王之命立長今魯亦立長若誅之是自誅王命誅之亦失不誅亦失韋昭曰誅之誅王命不誅則王命廢王其圖之宣王弗聽卒立戲爲魯太子夏武公歸而卒徐廣曰劉歆云立二年戲

立是爲懿公懿公九年懿公兄括之子伯御正義曰伯我嫁反下同也與魯人攻弑懿公而立伯御爲君伯御即位十一年周宣王伐魯殺其君伯御而問魯公子能道順徐廣曰一作訓。正義曰道音導順音訓諸侯者以爲魯後樊穆仲曰韋昭曰穆仲仲山父之謚也猶魯叔孫穆子謂之穆叔也魯懿公弟稱正義尺證反肅恭明神敬事耆老賦事行刑必問於遺訓而咨於固實徐廣曰固一作故韋昭曰故實故事之是者不干所問不犯所知宣王曰然能訓治其民矣乃立稱於夷宮韋昭曰夷宮者宣王祖父夷王之廟古者爵命必於祖廟是爲孝公自是後諸侯多畔王命孝公二十五年諸侯畔周犬戎殺幽王秦始列爲諸侯二十七年孝公卒子弗湟徐廣曰表云弗生也。索隱曰系本作弗皇年表作弗生立是爲惠公惠公三十年晉人弒其君昭侯四十五年晉人又弒其君孝侯四十六年惠公卒長庶子息攝當國行君事是爲隱公索隱曰隱公名息系本名息姑初惠公適夫人無子正義適音的公賤妾聲子生子息息長爲娶於宋宋女至而好惠公奪而自妻之索隱曰左傳宋武公生仲子手中有魯夫人文故歸魯生桓公今此云惠公奪息婦而自妻又經傳不言惠公無道左氏文亦分明不知太史公何據而爲此說譙周亦深不信生子允徐廣曰一作軌。索隱曰一作兀五勿反登宋女爲夫人以允爲太子及惠公卒爲允少故魯人共令息攝政不

言即位隱公五年觀漁於棠賈逵曰棠魯地陳漁而觀之杜預曰高平方與縣北有武棠亭魯侯觀漁臺也八年與鄭易天子之太山之邑祊及許田君子譏之穀梁傳曰祊者鄭伯之所受命於天子而祭太山之邑也許田乃魯之朝宿之邑天子在上諸侯不得以地相與十一年冬公子揮諂謂隱公曰百姓便君君其遂立吾請爲君殺子允君以我爲相左傳曰羽父請殺桓公將以求太宰也隱公曰有先君命吾爲允少故攝代今允長矣吾方營菟裘之地而老焉服虔曰菟裘魯邑也營菟裘以作宮室欲居之以終老也杜預曰菟裘在泰山梁父縣南以授子允政揮懼子允聞而反誅之乃反譖隱公於子允曰隱公欲遂立去子子其圖之請爲子殺隱公

子允許諾十一月隱公祭鍾巫（賈逵曰鍾巫祭名也）齊于社圃（杜預曰社圃園名）館于蔿氏（服虔曰館舍也）揮使人弒隱公于蔿氏而立子允為君是為桓公桓公元年鄭以璧易天子之許田（麋信曰鄭以祊不足當許田故復加璧）二年以宋之賂鼎入於太廟君子譏之（穀梁傳曰桓公內弒其君外成人之亂受賂而退以事其祖非禮也公羊傳曰周公廟曰太廟）三年使揮迎婦于齊為夫人六年夫人生子與桓公同日故名曰同同長為太子十六年會于曹伐鄭入厲公十八年春公將有行（杜預曰始議行事也）遂與夫人如齊申繻諫止（賈逵曰申繻魯大夫）公不聽遂如齊齊襄公通桓公夫人公怒

夫人夫人以告齊侯夏四月丙子齊襄公饗公（服虔曰為公設享讌之禮）公醉使公子彭生抱魯桓公因命彭生摺其脅公死于車魯人告于齊曰寡君畏君之威不敢寧居來脩好禮禮成而不反無所歸咎請得彭生以除醜於諸侯齊人殺彭生以說魯立太子同是為莊公莊公母夫人因留齊不敢歸魯莊公五年冬伐衛內衛惠公八年齊公子糾來奔九年魯欲內子糾於齊後桓公桓公發兵擊魯魯急殺子糾召忽死齊告魯生致管仲魯人施伯曰（正義曰世本云施伯魯惠公孫）齊欲得管仲非殺

之也將用之用之則爲魯患不如殺以其屍與之索隱曰屍亦作死字莊公不聽遂囚管仲與齊齊人相管仲十三年魯莊公與曹沫會齊桓公於柯曹沫劫齊桓公求魯侵地已盟而釋桓公桓公欲背約管仲諫卒歸魯侵地十五年齊桓公始霸二十三年莊公如齊觀社韋昭曰齊因祀社蒐軍實以示軍容公往觀之三十二年初莊公築臺臨黨氏賈逵曰黨氏魯大夫任姓見孟女賈逵曰黨氏之女○索隱曰左傳云初公築臺臨黨氏見孟任從之閟杜預曰孟長任字也非姓耳說而愛之許立爲夫人割臂以盟服虔曰割其臂以與公盟孟女生子斑斑長說梁氏女杜預曰梁氏魯大夫也往觀圉人犖自牆外

與梁氏女戲服虔曰圉人掌養馬者犖其名也○正義犖力角反斑怒鞭犖莊公聞之曰犖有力焉遂殺之是未可鞭而置也斑未得殺會莊公有疾莊公有三弟長曰慶父次曰叔牙次曰季友莊公取齊女爲夫人曰哀姜哀姜無子哀姜娣正義曰田戾反曰叔姜生子開莊公無適嗣愛孟女欲立其子斑莊公病而問嗣於弟叔牙叔牙曰一繼一及魯之常也何休曰父死子繼兄死弟及慶父在可爲嗣君何憂莊公患叔牙欲立慶父退而問季友季友曰請以死立斑也莊公曰曩者叔牙欲立慶父柰何季友以莊公命命

牙待於鍼巫氏（杜預曰鍼巫氏魯大夫也）使鍼季劫飲叔牙以鴆（服虔曰鴆鳥一曰運日鳥）曰飲此則有後奉祀不然死且無後牙遂飲鴆而死魯立其子為叔孫氏（杜預曰不以罪誅故得立後世繼其祿也）八月癸亥莊公卒季友竟立子斑為君如莊公命侍喪舍于黨氏（正義曰未至公宮止於舅氏）先時慶父與哀姜私通欲立哀姜娣子開及莊公卒而季友立斑十月己未慶父使圉人犖殺魯公子斑於黨氏季友犇陳（服虔曰季友內知慶父之情力不能誅故避其難出奔）慶父竟立莊公子開是為湣公（索隱曰系本名曰啓今此作開避漢景帝諱耳春秋作閔公也）湣公二年慶父與哀姜通益甚哀姜與慶

父謀殺湣公而立慶父慶父使卜齮襲殺湣公於武闈（賈逵曰卜齮魯大夫也宮中之門謂之闈。正義曰齮魚綺反闈音韋）季友聞之自陳與湣公弟申如邾請魯求內之魯人欲誅慶父慶父恐奔莒於是季友奉子申入立之是為釐公（索隱曰湣公之弟名曰申成季相之魯國以理於是魯人為僖公作魯頌）釐公亦莊公少子哀姜恐奔邾季友以賂如莒求慶父慶父歸使人殺慶父慶父請奔弗聽乃使大夫奚斯行哭而往慶父聞奚斯音乃自殺齊桓公聞哀姜與慶父亂以危魯乃召之邾而殺之以其尸歸戮之魯釐公請而葬之季友母陳女故云在陳陳故佐送季友及子申季友之將生也父魯桓公使人卜之曰男也其名曰友間于兩社爲公室輔 賈逵曰兩社周社亳社也兩社之間朝廷執政之臣所在 季友亡則魯不昌及生有文在掌曰友遂以名之號爲成季其後爲季氏慶父後爲孟氏也釐公元年以汶陽鄪封季友 賈逵曰汶陽鄪魯二邑杜預曰汶陽汶水北地也汶水出泰山萊蕪縣○索隱曰鄪今作費同音祕按費在汶水之北則汶陽非邑賈言二邑非也地理志東海費縣班固云魯季氏邑孟尚書費誓即是其地 季友爲相九年晉里克殺其君奚齊卓子 徐廣曰卓一作悼 齊桓公率釐公討晉亂至高梁而還 索隱曰晉地在平陽縣 立晉惠公十七年齊桓公卒二十四年

晉文公即位三十三年釐公卒子興立是爲文公文公元年楚太子商臣弒其父成王代立三年文公朝晉襄公十一年十月甲午魯敗翟于鹹 服虔曰魯地也 獲長翟喬如富父終甥舂其喉以戈殺之 服虔曰富父終甥魯大夫也舂猶衝 埋其首於子駒之門 賈逵曰子駒魯郭門名 以命宣伯 服虔曰宣伯叔孫得臣子喬如也得臣獲喬如以名其子使後世旌識其功 初宋武公之世鄋瞞伐宋 服虔曰武公周平王時在春秋前二十五年鄋瞞長翟國名○正義鄋作叜音所留反瞞莫寒反 司徒皇父帥師禦之以敗翟于長丘 杜預曰宋地名 獲長翟緣斯 賈逵曰喬如之祖 晉之滅路 在魯宣公十五年 獲喬如弟棼如齊惠公二年鄋瞞伐齊齊王子

城父獲其弟榮如埋其首於北門 按年表齊惠公二年魯宣公之
二年 衛人獲其季弟簡如 服虔曰獲與喬如同時 鄭瞞由是遂
云 杜預曰長翟之種絕 十五年季文子使於晉十八年二月
文公卒文公有二妃長妃齊女哀姜 索隱曰此哀非謚蓋以哭
而過市國人哀之謂之哀姜 生子惡及視次妃敬嬴嬖愛生子
俀 徐廣曰一作倭。索隱曰音人唯反 俀私事襄仲 服虔曰襄仲公子遂 襄仲欲立
之叔仲曰不可 服虔曰叔仲惠伯。 襄仲請齊惠公惠公新
立欲親魯許之冬十月襄仲殺子惡及視而立
俀是為宣公哀姜歸齊哭而過市曰天乎襄仲
為不道殺適 正義音的 立庶市人皆哭魯人謂之哀
姜魯由此公室卑三桓彊 服虔曰三桓魯桓公之族仲孫叔孫季孫 宣公
俀十二年楚莊王彊圍鄭鄭伯降復國之十八
年宣公卒子成公黑肱 徐廣曰肱一作股 立是為成公季
文子曰使我殺適立庶失大援者襄仲 服虔曰援助也仲殺
適立庶國政無常鄰國非之是失大援助也杜預曰襄仲立宣公南通於楚既不固又不能堅事齊晉故云失大援 襄
仲立宣公公孫歸父有寵 服虔曰歸父襄仲之子 宣公欲去
三桓與晉謀伐三桓會宣公卒季文子怨之歸
父奔齊成公二年春齊伐取我隆 左傳作龍杜預曰魯邑在泰山
博縣西南 夏公與晉郤克敗齊頃公於鞌齊復歸我
侵地四年成公如晉晉景公不敬魯魯欲背晉

合於楚或諫乃不十年成公如晉晉景公卒因留成公送葬魯諱之索隱曰經不書其葬唯言公如晉是諱之十五年始與吳王壽夢會鍾離正義曰括地志云鍾離國故城在濠州鍾離縣東五里十六年宣伯告晉欲誅季文子服虔曰宣伯叔孫喬如文子有義晉人弗許十八年成公卒子午立是爲襄公是時襄公三歲也襄公元年晉立悼公往年冬晉欒書弑其君厲公四年襄公朝晉五年季文子卒家無衣帛之妾廄無食粟之馬府無金玉以相三君索隱曰宣成襄也君子曰季文子廉忠矣九年與晉伐鄭晉悼公冠襄公於衛左傳曰冠于成公之廟假鍾磬焉禮也

季武子從相行禮十一年三桓氏分爲三軍韋昭曰周禮天子六軍諸侯大國三軍魯伯禽之封舊有三軍其後削弱二軍而已季武子欲專公室故益中軍以爲三軍三家各征其一○索隱曰征謂起徒役也武子爲三軍故一卿主一軍之征賦十二年朝晉十六年晉平公即位二十一年朝晉平公二十二年孔丘生正義曰生在周靈王二十一年魯襄二十二年晉平七年吳諸樊十年二十五年齊崔杼弑其君莊公立其弟景公二十九年吳延陵季子使魯問周樂盡知其意魯人敬焉三十一年六月襄公卒其九月太子卒左傳曰毀也○索隱曰左傳云胡女敬歸之子子野立三月卒魯人立齊歸之子裯爲君徐廣曰裯一作袑服虔曰胡歸姓之國也齊歸謚也索隱曰系本作裯徐廣作袑袑音紹也是爲昭公昭公

年十九猶有童心服虔曰言無成人之志而有童子之心穆叔不欲立
索隱曰魯大夫叔孫豹宣伯喬如之弟曰太子死有母弟可立不即立
長服虔曰無母弟則立庶子之長年鈞擇賢義鈞則卜之杜預曰先人事後卜筮義
鈞謂賢等今裯非適嗣且又居喪意不在戚而有喜
色若果立必為季氏憂季武子弗聽卒立之比
及葬三易衰杜預曰言其嬉戲無度君子曰是不終也昭公
三年朝晉至河晉平公謝還之魯恥焉四年楚
靈王會諸侯於申昭公稱病不往七年季武子
卒八年楚靈王就章華臺召昭公昭公往賀春秋
云七年三月公如楚賜昭公寶器已而悔復詐取之左傳曰好以大屈服
虔曰大屈寶金可以為劍一曰大屈弓名魯連書曰楚子享魯侯于章華與之大曲之弓既而悔之大屈殆所謂大屈之
弓也十二年朝晉至河晉平公謝還之十三年楚
公子棄疾弒其君靈王代立十五年朝晉晉留
之葬晉昭公魯恥之二十年齊景公與晏子狩
竟因入魯問禮索隱曰齊系家亦然左傳無其事二十一年朝晉
至河晉謝還之二十五年春鸜鵒來巢周禮曰鸜鵒不踰濟
公羊傳曰非中國之禽也宜穴而巢穀梁傳曰來者來中國也師己曰文成之世童謠
曰賈逵曰師己魯大夫也文成魯文公成公鸜鵒來巢公在乾侯鸜鵒入
處公在外野季氏與郈氏徐廣曰一本作厚世本亦然鬬雞杜預
曰季平子郈昭伯二家相近故鬬雞季氏芥雞羽服虔曰擣芥子播其雞羽可以坌郈氏雞目杜預曰

或云以膠沙播之爲介雞郈氏金距服虔曰以金錯距季平子怒而侵郈
氏服虔曰怒其不下已也侵郈氏之宮地以自益郈昭伯亦怒平子索隱曰系本昭伯名
惡魯昔孝公之後稱厚氏臧昭伯之弟會賈逵曰昭伯臧孫賜也。索隱曰系本臧會臧頃伯
也宣叔許之孫與昭伯賜爲從父昆弟也僞讒臧氏匿季氏臧昭伯囚季
氏人季平子怒囚臧氏老服虔曰老臧氏家之大臣臧郈氏以
難告昭公昭公九月戊戌伐季氏遂入平子登
臺請曰君以讒不察臣罪誅之請遷沂上弗許
杜預曰魯城南自有沂水平子欲出城待罪也大沂水出蓋縣南入泗水請囚於鄪弗許服虔
曰鄪季氏邑請以五乘亡弗許服虔曰言五乘自省約以出子家駒曰
索隱曰魯大夫仲孫氏之族名駒謚懿伯也君其許之政自季氏久矣爲

徒者衆衆將合謀弗聽郈氏曰必殺之叔孫氏
之臣戾左傳曰鬷戾謂其衆曰無季氏與有孰利皆
曰無季氏是無叔孫氏戾曰然救季氏遂敗公
師孟懿子賈逵曰懿子仲孫何忌聞叔孫氏勝亦殺郈昭伯
郈昭伯爲公使故孟氏得之三家共伐公公遂
奔己亥公至于齊齊景公曰請致千社待君子
家曰弃周公之業而臣於齊可乎乃止子家曰
齊景公無信不如早之晉弗從叔孫見公還見
平子平子頓首初欲迎昭公孟孫季孫後悔乃
止二十六年春齊伐魯取鄆賈逵曰魯邑而居昭公焉

夏齊景公將內公令無受魯賂申豐汝賈（賈逵曰申豐汝賈魯大夫）許齊臣高齕子將粟五千庾（賈逵曰十六斗爲庾五千庾八萬斗○索隱曰一本子將上有貨字子將即梁丘據也齕音紇子將家臣也左傳子將作子猶）子將言於齊侯曰羣臣不能事魯君有異焉（服虔曰異猶怪也）宋元公爲魯如晉求內之道卒（春秋曰宋公佐卒于曲棘）叔孫昭子求內其君無病而死（索隱曰昭子名婼即穆叔子）不知天弃魯乎抑魯君有罪于鬼神也願君且待齊景公從之

二十八年昭公如晉求入季平子私於晉六卿六卿受季氏賂諫晉君晉君乃止居昭公乾侯（杜預曰乾侯在魏郡斥丘縣晉竟內邑）二十九年昭公如鄆齊景公使

人賜昭公書自謂主君（服虔曰大夫稱主比公於大夫故稱主君）昭公耻之怒而去乾侯三十一年晉欲內昭公召季平子平子布衣跣行（王肅曰示憂戚）因六卿謝罪六卿爲言曰晉欲內昭公衆不從晉人止三十二年昭公卒於乾侯魯人共立昭公弟宋爲君是爲定公

定公立趙簡子問史墨（服虔曰史墨晉史蔡墨）曰季氏亡乎史墨對曰不亡季友有大功於魯受鄪爲上卿至于文子武子世增其業魯文公卒東門遂（服虔曰東門遂襄仲也居東門故稱東門遂○索隱曰系本並作述鄭誕作秫又系本遂産子家歸父及昭子子嬰安也）殺適立庶魯君於是失國政政在季氏於今四君

矣民不知君何以得國是以爲君愼器與名不可以假人杜預曰器車服名爵號定公五年季平子卒陽虎私怒囚季桓子與盟乃捨之七年齊伐我取鄆以爲魯陽虎邑以從政八年陽虎欲盡殺三桓適而更立其所善庶子以代之載季桓子將殺之桓子詐而得脫三桓共攻陽虎陽虎居陽關服虔曰陽關魯邑九年魯伐陽虎陽虎奔齊已而奔晉趙氏正義曰左傳云仲尼曰趙氏其世有乱乎杜預云受乱人故十年定公與齊景公會於夾谷孔子行相事齊欲襲魯君孔子以禮歷階誅齊淫樂齊侯懼乃止歸魯侵地而謝過

十二年使仲由毀三桓城服虔曰仲由子路收其甲兵孟氏不肯墮城杜預曰墮毀伐之不克而止季桓子受齊女樂孔子去孔安國曰桓子使定公受齊女樂君臣相與觀之廢朝礼三日十五年定公卒子將立是爲哀公索隱曰系本將亦作蔣哀公五年齊景公卒六年齊田乞弑其君孺子七年吳王夫差彊伐齊至繒徵百牢於魯季康子使子貢說吳王及太宰嚭以禮詘之吳王曰我文身不足責禮乃止八年吳爲鄒伐魯至城下盟而去齊伐我取三邑十年伐齊南邊十二年齊伐魯季氏用冉有有功思孔子孔子自衛歸魯十四年

齊田常弑其君簡公於徐州孔子請伐之哀公不聽十五年使子服景伯子貢爲介適齊齊歸我侵地田常初相欲親諸侯十六年孔子卒二十二年越王勾踐滅吳王夫差二十七年春季康子卒夏哀公患三桓將欲因諸侯以劫之三桓亦患公作難故君臣多閒 賈逵曰閒隙也 公游于陵阪 服虔曰陵阪地名 遇孟武伯於衢 索隱曰一本作衛非也左傳於孟氏之衢 曰請問余及死乎 杜預曰問己可得以壽死不 對曰不知也公欲以越伐三桓八月哀公如陘氏 杜預曰陘氏即有山氏 三桓攻公公奔于衛去如鄒遂如越國人迎哀公復歸卒

于有山氏 徐廣曰皇甫謐云哀公元甲辰終庚午 子寧立是爲悼公悼公之時三桓勝魯如小侯卑於三桓之家十三年三晉滅智伯分其地有之三十七年悼公卒 徐廣曰一本云悼公即位三十年乃於秦惠王卒楚懷王死年合又自悼公以下盡與劉歆曆譜合而反違年表未詳何故皇甫謐云悼公四十年元辛未終庚戌 子嘉立是爲元公元公二十一年卒 徐廣曰皇甫謐云元辛亥終辛未 子顯立是爲穆公 索隱曰系本顯作不衍 穆公三十三年卒 徐廣曰皇甫謐云元壬申終甲辰 子奮立是爲共公共公二十二年卒 徐廣曰皇甫謐云元乙巳終丙寅 子屯立是爲康公 索隱曰屯音竹倫反 康公九年卒 徐廣曰皇甫謐云元丁卯終乙亥 子匽立是爲景公 索隱曰匽音偃 景公二十九年卒 徐廣曰皇甫謐云元

丙子終甲辰子叔立是爲平公索隱曰系本叔作旅是時六國皆稱
王平公十二年秦惠王卒二十二年平公卒徐廣
曰皇甫謐云元乙巳終甲子子賈立是爲文公索隱曰系本作湣公鄒誕亦同系家或作
文公文公七年楚懷王死于秦二十三年文公卒
徐廣曰皇甫謐云元乙丑終丁亥子讎立是爲頃公頃公二年秦拔
楚之郢徐廣曰年表云文公十八年秦拔郢楚走陳楚頃王東徙于陳十
九年楚伐我取徐州徐廣曰徐州在魯東今薛縣○索隱曰說文𨛦邾之下邑在魯東又
郡國志曰魯國薛縣六國時曰徐州又紀年云梁惠王三十一年下邳遷于薛故名曰徐州則徐與𨛦並音舒也二
十四年楚考烈王伐滅魯頃公亡遷於卞邑徐廣
曰卞一作下○索隱曰下邑謂國外之小邑本或作卞邑然魯有卞邑與此不同爲家人魯絕祀

頃公卒于柯徐廣曰皇甫謐云元戊子終辛亥○索隱曰春秋齊及魯盟于柯杜預云柯齊邑今濟北
東阿魯起周公至頃公凡三十四世
太史公曰余聞孔子稱曰甚矣魯道之衰也洙
泗之閒齗齗如也徐廣曰漢書地理志云魯濵洙泗之閒其民涉渡幼者扶老者而代其任
俗既薄長老不自安與幼者相讓故曰齗齗如也齗魚斤反東州語也蓋幼者患苦長者長者忿愧自守故齗齗爭辭所
以爲道衰也○索隱曰讀如論語誾誾如也言魯道雖微而洙泗之閒尚誾誾如也鄒誕生亦音銀又作斷斷如尚書讀
則斷斷是專一之義徐廣又引地理志音五艱反云齗齗是鬬爭之貌故繫欽遂行賦云涉洙泗而歎馬耻少長之齗齗
是也今按下文云至于揖讓之礼則從矣魯尚有揖讓之風如論語音誾爲得之也觀慶父及叔
牙閔公之際何其亂也隱桓之事襄仲殺適立
庶三家北面爲臣親攻昭公昭公以奔至其揖

讓之禮則從矣而行事何其妄也

索隱述贊曰

武王既没　成王幼孤　周公攝政
負扆據圖　及還臣列　北面躬如
元子封魯　少昊之墟　夾輔王室
世職不渝　降及孝公　穆仲致譽
隱能讓國　春秋之初　丘明執簡
褒貶備書

史伍阡捌伯玖拾貳字
註伍阡貳伯玖拾叁字

魯周公世家第三　史記三十三

燕召公世家第四　史記三十四

召公奭與周同姓姓姬氏譙周曰周之支族食邑於召謂之召公○索隱曰召者畿內采地奭始食於召故曰召公或說者以為文王受命取岐周故墟召地分爵二公故詩有周召二南言皆在岐山之陽故言南也後武王封之北燕在今幽州薊縣故城是也亦以元子就封而次子留周室代為召公至宣王時召虎其後也周武王之滅紂封召公於北燕世本曰居北燕宋忠曰有南燕故云北燕其在成王時召公為三公自陝以西召公主之自陝以東周公主之何休曰陝者蓋今弘農陝縣是也成王既幼周公攝政當國踐祚召公疑之作君奭孔安國曰尊之曰君陳古以告之故以名篇君奭不說周公馬融曰召公以周公既攝政致太平功配文武不宜復列在臣位故不說以為周公苟貪寵也周公乃稱湯時有伊尹假于皇天孔安國曰伊摯佐湯功至大天謂致太平也鄭玄曰皇天北極天帝也在太戊時則有若伊陟臣扈假于上帝巫咸治王家孔安國曰伊陟臣扈率伊尹之職使其君不隕祖業故至天之功不隕巫咸治王家言其不及二臣馬融曰道至于上帝謂奉天時也鄭玄曰上帝太微中其所統也在祖乙時則有若巫賢孔安國曰時賢臣有如此巫賢也賢咸子巫氏也在武丁時則有若甘般孔安國曰高宗即位甘般佐之後有傳說率維茲有陳保乂有殷徐廣曰一無此九字駰案王肅曰循此數臣有陳列之功安治有殷也於是召公乃說召公之治西方甚得兆民和召公巡行鄉邑有棠樹正義曰今之棠梨樹也括地志云邵伯廟在洛州壽安縣西北五里邵伯聽訟甘棠之下周人思之不伐其樹後人懷其德因立廟有棠在九曲城東阜上決獄政事其下自侯伯至庶人各得其所無失職

者召公卒而民人思召公之政懷棠樹不敢伐哥詠之作甘棠之詩自召公已下九世至惠侯索隱曰竝國史先失也又自惠侯已下皆無名亦不言屬惟昭王父子有名蓋在戰國時旁見他說耳燕四十二代有二惠侯二釐侯二宣侯三桓侯二文侯蓋國史微失本謚故重耳燕惠侯當周厲王奔彘共和之時惠侯卒子釐侯立正義釐音僖是歲周宣王初即位釐侯二十一年鄭桓公初封於鄭三十六年釐侯卒子頃侯立頃侯二十年周幽王淫亂爲犬戎所弒秦始列爲諸侯二十四年頃侯卒子哀侯立哀侯二年卒子鄭侯立索隱曰謚法無鄭鄭或是名鄭侯三十六年卒子繆侯立繆侯七年而魯隱公元年也十八年卒子宣侯立索隱曰譙周云系本謂燕自宣侯已上皆父子相傳故無所疑桓侯已下並不言屬以其難明故也按今系本無燕代系宋忠依太史公書以補其闕尋徐廣作音尚引系本蓋近代始散逸耳宣侯十三年卒子桓侯立徐廣曰古史考曰世家自宣侯已下不說其屬以其難明故也桓侯七年卒系本曰桓侯徙臨易宋忠曰今河間易縣是也子莊公立莊公十二年齊桓公始霸十六年與宋衛共伐周惠王惠王出奔溫立惠王弟頹爲周王譙周曰按春秋傳燕與子頹逐周惠王者乃南燕姞姓也系家以爲北燕失之。索隱曰譙周云據左氏燕與衛伐周惠王乃是南燕姞姓而系家以爲北燕伯故著史考云此燕是姞姓今檢左氏莊十九年衛師燕師伐周二十年齊伐山戎傳云執燕仲父三十年齊伐山戎傳曰謀山戎以其病燕故也據傳文及此記元是北燕不疑杜君妄說仲父是南燕伯爲伐周故且燕衛俱是姬姓故有伐國納王之事若是姞燕與衛伐周則鄭何以獨伐燕而不伐衛乎十七年鄭執燕仲父而內惠王于周二十七年山戎來侵我齊桓公救燕遂北伐山戎而還燕君送齊桓公出境桓公因割燕所至地予燕正義曰予音與括地志云燕留故城在滄州長盧縣東北十七里即齊桓公分溝割燕君所至地與燕因築此城故名燕留使燕共貢天子如成周時職使燕復脩召公之法三十三年卒子襄公立襄公二十六年晉文公為踐土之會稱伯三十一年秦師敗于殽三十七年秦穆公卒四十年襄公卒桓公立桓公十六年卒索隱曰譙周云系家襄伯生宣伯無桓公今驗史記並有桓公立十六年又宋忠據此史補系家亦有桓公是允南所見本異則是燕有三桓公也宣公立宣公十五年

卒昭公立昭公十三年卒武公立是歲晉滅三郤大夫武公十九年卒文公立文公六年卒懿公立懿公元年齊崔杼弒其君莊公四年卒子惠公立惠公元年齊高止來奔六年惠公多寵姬公欲去諸大夫而立寵姬宋大夫共誅姬宋索隱曰宋其名也或作宗劉氏云其父兄為執政故諸大夫共滅之惠公懼奔齊四年齊高偃如晉請共伐燕入其君晉平公許與齊伐燕入惠公惠公至燕而死索隱曰春秋昭三年北燕伯款奔齊至六年又云齊伐北燕一與此文合左傳無納款之文而云將納簡公晏子曰燕君不入矣齊遂受賂而還事與此乖而又以款為簡公簡公後惠公四代則與春秋經傳不相協未可強言也燕立悼公悼公七年卒

共公立共公五年卒平公立晉公室卑六卿始彊大平公十八年吳王闔閭破楚入郢十九年卒簡公立簡公十二年卒獻公立（索隱曰王劭按紀年簡公後次孝公無獻公然紀年之書多是譌謬聊記異耳）晉趙鞅圍范中行於朝歌獻公十二年齊田常弒其君簡公十四年孔子卒二十八年獻公卒孝公立孝公十二年韓魏趙滅知伯分其地（索隱曰按紀年智伯滅在成公二年也）三晉彊十五年孝公卒成公立成公十六年卒（索隱曰按紀年成侯名載）湣公立湣公三十一年卒釐公立（索隱曰年表作釐侯莊徐廣云一無莊字按燕失年紀及其君名表言莊者衍字也）是歲三晉列爲諸侯（索隱曰按紀年作文公二十四年卒簡公立十三年而三晉命邑爲諸侯與此不同）釐公三十年伐齊敗于林營（索隱曰林營地名一云林地名於林地立營故曰林營）釐公卒（索隱曰紀年作簡公四十五年卒妄也按上簡公生獻公則此當是釐但立年又誤耳）桓公立桓公十一年卒文公立（索隱曰系本已上文公爲閔公則湣與閔同而上懿公之父又謚文公）是歲秦獻公卒秦益彊文公十九年齊威王卒二十八年蘇秦始來見說文公文公予車馬金帛以至趙趙肅侯用之因約六國爲從長（正義從足從反長丁丈反）秦惠王以其女爲燕太子婦二十九年文公卒太子立是爲易王易王初立齊宣王因燕喪伐我取十城蘇秦說齊使復歸燕十城十年燕君爲王

索隱曰燕君即易王也言君初以十年即稱王也上言易王者易謚也後追書謚耳蘇秦與燕文公夫人私通懼誅乃說王使齊爲反間欲以亂齊孫子兵法曰反間者因敵間而用之者也凡軍之所欲擊城之所欲攻人之所欲殺必先知其守將左右謁者門者舍人之姓名令吾間必索敵間之來間我者因而利導舍之故反間可得用也。正義曰使音所吏反間音紀莧反易王立十二年卒子燕噲立燕噲既立齊人殺蘇秦蘇秦之在燕與其相子之爲婚而蘇代與子之交及蘇秦死而齊宣王復用蘇代燕噲三年與楚三晉攻秦不勝而還子之相燕貴重主斷蘇代爲齊使於燕索隱曰按戰國策曰子之使蘇代侍質子於齊齊使代報燕是也燕王問曰齊王奚如對曰必不霸燕王曰何也對

曰不信其臣蘇代欲以激燕王以尊子之也於是燕王大信子之子之因遺蘇代百金而聽正義曰瓚云秦以一溢爲一金孟康云二十四兩曰溢其所使鹿毛壽徐廣曰一作厝毛又曰甘陵縣本名厝。索隱曰春秋後語亦作厝毛壽又韓子作番壽謂燕王不如以國讓相子之人之謂堯賢者以其讓天下於許由許由不受有讓天下之名而實不失天下今王以國讓於子之子之必不敢受是王與堯同行也燕王因屬國於子之子之大重索隱曰大重謂尊貴也或曰禹薦益已索隱曰以已配益則益已是伯益而經傳無其文未知所由或曰已語終辭而以啓人爲吏索隱曰人猶臣也謂以啓臣爲益吏及老而以啓人爲不足

任乎天下傳之於益已而啓與交黨攻益奪之天下謂禹名傳天下於益已而實令啓自取之今王言屬國於子之而吏無非太子人者索隱曰此人亦訓臣也是名屬子之而實太子用事也王因收印自三百石吏已上而效之子之索隱曰鄭玄云效呈也以印呈與子之子之南面行王事而噲老不聽政顧為臣索隱曰顧猶反也言噲反為子之臣也有本作願者非國事皆決於子之三年國大亂百姓恫怨索隱曰恫猶痛也民皆恐懼將軍市被正義曰人姓名與太子平謀將攻子之諸將謂齊湣王曰因而赴之破燕必矣齊王因令人謂燕太子平曰寡人聞太

子之義將廢私而立公飭君臣之義正義飭音勑明父子之位寡人之國小不足以為先後正義先後並去聲雖然則唯太子所以令之太子因要黨聚眾將軍市被圍公宮攻子之不克將軍市被及百姓反攻太子平將軍市被死以徇因搆難數月死者數萬眾人恫恐百姓離志孟軻謂齊王曰今伐燕此文武之時不可失也索隱曰謂如武王成文王之業伐紂之時然此語與孟子不同王因令章子將五都之兵音章子齊人見孟子○索隱曰五都即齊也按臨淄是五都之一以因北地之眾以伐燕索隱曰北地即齊之北邊也士卒不戰城門不閉燕君噲死齊大勝燕子之云徐廣

曰年表云君噲及太子相子之皆死騶案汲冢紀年曰齊人禽子之而醢其身也二年而燕人共立太子平是爲燕昭王徐廣曰噲立七年而死其九年燕人共立太子平。索隱曰按上文太子平謀攻子之而年表又云君噲及太子相子之皆死紀年又云子之殺公子平今此文云立太子平是爲燕昭王則年表紀年爲謬也而趙系家云武靈王開燕亂召公子職於韓立以爲燕王使樂池送之裴駰亦以此系家無趙送公子職之事當是遙立職而送之事竟不就則開王名平非職明矣進退參詳是年表既誤而紀年因之而妄說耳

燕昭王於破燕之後即位卑身厚幣以招賢者謂郭隗曰齊因孤之國亂而襲破燕孤極知燕小力少不足以報然誠得賢士以共國以雪先王之恥孤之願也先生視可者得身事之郭隗曰王必欲致士先從隗始況賢於隗者豈遠千

里哉於是昭王爲隗改築宮而師事之樂毅自魏往鄒衍自齊往劇辛自趙往士爭趨燕燕王弔死問孤與百姓同甘苦二十八年燕國殷富士卒樂軼輕戰於是遂以樂毅爲上將軍與秦楚三晉合謀以伐齊齊兵敗湣王出亡於外燕兵獨追北入至臨淄盡取齊寶燒其宮室宗廟齊城之不下者獨唯聊莒即墨索隱曰按餘篇及戰國策並無聊字其餘皆屬燕六歲昭王三十三年卒子惠王立惠王爲太子時與樂毅有隙及即位疑毅使騎劫代將樂毅亡走趙齊田單以即墨擊敗燕軍騎

劫死燕兵引歸齊悉復得其故城湣王死于莒乃立其子為襄王惠王七年卒索隱曰按趙系家惠文王二十八年燕相成安君公孫操弒其王樂資以為即惠王也徐廣按年表是年燕武成王元年武成即惠王子則惠王為成安君弒明矣此不言者燕遠諱不告或太史公之說疎也韓魏楚共伐燕燕武成王立武成王七年齊田單伐我拔中陽十三年秦敗趙於長平四十餘萬十四年武成王卒子孝王立孝王元年秦圍邯鄲者解去三年卒子今王喜立索隱曰今王猶今上也有作金者非也按謚法無金今王喜四年秦昭王卒燕王命相栗腹約歡趙以五百金為趙王酒還報燕王曰趙王壯者皆死長平其孤未壯可

伐也王召昌國君樂間問之對曰趙四戰之國正義曰趙東隣燕西接秦境南錯韓魏北連胡貊故言四戰其民習兵不可伐王曰吾以五而伐一索隱曰謂以五人而伐一人對曰不可燕王怒羣臣皆以為可卒起二軍車二千乘栗腹將而攻鄗徐廣曰在常山今曰高邑。索隱曰鄗氏音火各反一音昊卿秦攻代正義曰今代州也戰國策云廉頗以二十萬遇栗腹於鄗樂乘以五萬遇爰秦於代燕人大敗與此不同也唯獨大夫將渠謂燕王曰索隱曰人名姓也一云上卿秦及此將渠皆卿將官秦渠其名也國史變文而書遂失姓爾戰國策云慶秦慶是姓也卿其官耳與人通關約交以五百金飲人之王使者報而反攻之不祥兵無成功燕王不聽自將偏軍隨之將渠引燕王綬止之曰王必

無自往往無成功王蹵之以足將渠泣曰臣非
以自為王也燕軍至宋子（徐廣曰屬鉅鹿）趙使廉頗將
擊破栗腹於鄗破卿秦樂乘於代（索隱曰戰國策曰廉頗以二十萬遇栗腹於鄗樂乘以五萬遇慶秦於代燕人大敗與此不同）樂間奔趙廉頗逐之五
百餘里圍其國燕人請和趙人不許必令將渠
處和燕相將渠以處和（以將渠為相○索隱曰欲令將渠處之使和也）趙
聽將渠解燕圍六年秦滅東西周置三川郡七
年秦拔趙榆次三十七城秦置太原郡九年秦
王政初即位十年趙使廉頗將攻繁陽（徐廣曰屬魏郡）
拔之趙孝成王卒悼襄王立使樂乘代廉頗廉

頗不聽攻樂乘樂乘走廉頗奔大梁十二年趙
使李牧攻燕拔武遂（徐廣曰屬河間）方城（徐廣曰屬涿有督亢亭）劇辛
故居趙與龐煖善（索隱曰煖音况遠反）已而去走燕燕見趙
數困于秦而廉頗去令龐煖將也欲因趙獘攻
之問劇辛辛曰龐煖易與耳燕使劇辛將擊趙
趙使龐煖擊之取燕軍二萬殺劇辛秦拔魏二
十城置東郡十九年秦拔趙之鄴（正義曰即相州鄴縣也）九
城趙悼襄王卒二十三年太子丹質於秦亡歸
燕二十五年秦虜滅韓王安置潁川郡二十七
年秦虜趙王遷滅趙趙公子嘉自立為代王燕

見秦且滅六國秦兵臨易水（徐廣曰出涿郡故安也）禍且至燕太子丹陰養壯士二十人使荆軻獻督亢地圖於秦（索隱曰徐廣云涿有督亢亭地理志屬廣陽然督亢之田在燕東甚良沃欲獻秦故畫其圖而獻焉）因襲刺秦王秦王覺殺軻使將軍王翦擊燕二十九年秦攻拔我薊燕王亡徙居遼東斬丹以獻秦三十年秦滅魏三十三年秦拔遼東虜燕王喜卒滅燕是歲秦將王賁（正義曰賁音奔王翦子）亦虜代王嘉

太史公曰召公奭可謂仁矣甘棠且思之況其人乎燕北迫蠻貉內措齊晉（索隱曰措交雜也又作錯劉氏云争錯也）崎嶇彊國之間最爲弱小幾滅者數矣然社稷血食者八九百歲於姬姓獨後亡豈非召公之烈耶

索隱述贊曰

召伯作相　分陝而治
人惠其德　甘棠是思
莊送霸主　惠羅寵姬
文公約趙　蘇秦騁辭
易王初立　齊宣我欺
燕噲無道　禪位子之
昭王待士　思報臨菑
督亢不就　卒見芟夷

史貳阡陸伯叁拾字。註貳阡貳伯貳拾壹字

燕召公世家第四　史記三十四

管蔡世家第五　　史記三十五

管叔鮮正義曰音仙括地志云鄭州管城縣今州外城即管國城也是叔鮮所封國也蔡叔度
者周文王子而武王弟也武王同母兄弟十人
母曰太姒正義曰國語云杞繒二國姒姓夏禹之後太姒之家太姒文王之妃武王之母烈女傳云太姒者武王之母禹後姒氏之女也在郃之陽在渭之涘仁而明道文王喜之親迎於渭造舟為梁及入太姒思任旦夕勤勞以進婦道太姒號曰文母文王理外文母治內太姒生十男教誨自少及長未嘗見邪僻之事言常以正道持之也文
王正妃也其長子曰伯邑考次曰武王發次曰
管叔鮮次曰周公旦次曰蔡叔度次曰曹叔振
鐸次曰成叔武正義曰括地志云濮州雷澤縣東南九十一里漢郕陽縣古郕伯姬姓之國其後遷於成之陽次曰霍叔處正義曰處昌汝反括地志云晉州霍邑縣本漢彘縣也鄭玄註周禮云霍山在彘本春秋時霍伯國地次曰康叔封次曰冄季載正義冄作冄音奴甘反或作𨚵音同冄國名也季載人名也伯邑考最長所以加伯諸中子咸言叔以載最少故言季載冄季
載最少同母兄弟十人徐廣曰文王之子為侯者十有六國唯發旦
賢左右輔文王正義曰左右並去聲故文王舍伯邑考而以
發為太子及文王崩而發立是為武王伯邑考
既已前卒矣武王已克殷紂平天下封功臣昆
弟於是封叔鮮於管杜預曰管在滎陽京縣東北封叔度於蔡
世本曰居上蔡二人相紂子武庚祿父治殷遺民封叔旦
於魯而相周為周公封叔振鐸於曹封叔武於
成索隱曰按春秋隱五年衛師入郕杜預曰東平剛父縣有郕鄉後漢地理志以為成本國又地理志廩丘縣南有成

故城應劭云武王封弟季載於成是古之成邑應仲遠誤云季載封耳封叔處於霍索隱曰春秋閔元年晉滅霍地理志云河東彘縣霍太山在東北是霍叔之所封康叔封冉季載皆少未得封索隱曰孔安國曰康畿內國名地闕叔字也封叔名耳武王既崩成王少周公旦專王室管叔蔡叔疑周公之爲不利於成王乃挾武庚以作亂周公旦承成王命伐誅武庚殺管叔而放蔡叔遷之與車十乘徒七十人從而分殷餘民爲二其一封微子啓於宋以續殷祀其一封康叔爲衛君是爲衛康叔封季載於冉索隱曰冉國也載名也季字也冉或作那國語曰冉季鄭姬賈逵曰文王子聃季之國也莊十八年楚武王克權遷於那處杜預云那處楚地南郡編縣有那口城聃與那皆音奴甘反冉季康叔皆

有馴行索隱曰如字音巡馴善也於是周公舉康叔爲周司寇冉季爲周司空索隱曰事見左傳定公四年以佐成王治皆有令名於天下蔡叔度既遷而死其子曰胡胡乃改行率德馴善周公聞之而舉胡以爲魯卿士索隱曰尚書云蔡仲克庸祗德周公以爲卿士叔卒乃命諸王邦之蔡元無仕魯之文又伯禽居魯乃是七年致政之後此言乃說居攝政之初未知史遷何憑而有斯言也魯國治於是周公言於成王復封胡於蔡宋忠曰胡徙居新蔡以奉蔡叔之祀是爲蔡仲餘五叔皆就國無爲天子吏者索隱曰五叔管叔蔡叔成叔曹叔霍叔蔡仲卒子蔡伯荒立蔡伯荒卒子宮侯立宮侯卒子厲侯立厲侯卒子武侯立武侯之時

[illegible]十[illegible]文立[illegible]立

[illegible]

仲[illegible]國[illegible]

王[illegible]大[illegible]

[illegible]國[illegible]

改[illegible]公[illegible]

今[illegible]天下[illegible]

[illegible]國[illegible]

[illegible]周[illegible]

史記[illegible]

秦[illegible]其一[illegible]

以[illegible]其[illegible]其[illegible]

十人[illegible]

秦[illegible]

[illegible]故[illegible]王[illegible]周[illegible]

以周公旦[illegible]周公[illegible]王[illegible]

秦[illegible]十[illegible]

[illegible]

周厲王失國，奔彘，共和行政，諸侯多叛周。武侯卒，子夷侯立。夷侯十一年，周宣王即位。二十八年，夷侯卒，子釐侯所事立。釐侯三十九年，周幽王爲犬戎所殺，周室卑而東徙，秦始得封爲列侯。（正義曰：周幽王爲犬戎所殺，平王東徙洛邑，秦襄公以兵救，因送平王至洛，故平王封襄公。）四十八年，釐侯卒，子共侯興立。共侯二年卒，子戴侯立。戴侯十年卒，子宣侯措父立。宣侯二十八年，魯隱公初立。三十五年，宣侯卒，子桓侯封人立。桓侯三年，魯弒其君隱公。二十年，桓侯卒，弟哀侯獻舞立。哀侯十一年，初，哀侯娶陳，息侯亦娶陳。

（杜預曰：息國，汝南新息縣。）息夫人將歸，過蔡，蔡侯不敬。息侯怒，請楚文王：來伐我，我求救於蔡，蔡必來，楚因擊之，可以有功。楚文王從之，虜蔡哀侯以歸。哀侯留九歲，死於楚。凡立二十年卒。蔡人立其子肸，是爲繆侯。繆侯以其女弟爲齊桓公夫人。十八年，齊桓公與蔡女戲船中，夫人蕩舟，桓公止之，不止，公怒，歸蔡女而不絕也。蔡侯怒，嫁其弟。（索隱曰：弟，女弟，即蕩舟之姬。）齊桓公怒，伐蔡；蔡潰，遂虜繆侯，南至楚邵陵。已而諸侯爲蔡謝齊，齊侯歸蔡侯。二十九年，繆侯卒，子莊侯甲午立。莊侯三年，齊桓公

卒十四年晉文公敗楚於城濮二十年楚太子商臣弑其父成王代立二十五年秦穆公卒三十三年楚莊王即位三十四年莊侯卒子文侯申立文侯十四年楚莊王伐陳殺夏徵舒十五年楚圍鄭鄭降楚楚復醳之正義曰醳音釋二十年文侯卒子景侯固立景侯元年楚莊王卒二十九年景侯爲太子般娶婦於楚而景侯通焉太子弑景侯而自立是爲靈侯靈侯二年楚公子圍弑其王郟敖而自立爲靈王正義郟紀洽反敖五高反九年陳司徒招弑其君哀公索隱曰招或作苕又作昭並音時遙反楚使公子棄疾滅陳而有之十二年楚靈王以靈侯弑其父誘蔡靈侯于申正義曰故申城在鄧州伏甲飲之醉而殺之刑其士卒七十人令公子棄疾圍蔡十一月滅蔡使棄疾爲蔡公正義曰蔡公之大夫也楚滅蔡三歲楚公子棄疾弑其君靈王代立爲平王平王乃求蔡景侯少子廬立之是爲平侯宋忠曰平侯徙下蔡○索隱曰今系本無者近脫耳是年楚亦復立陳楚平王初立欲親諸侯故復立陳蔡後世本曰平侯者靈侯般之孫太子友之子平侯九年卒靈侯般之孫東國攻平侯子而自立是爲悼侯悼侯父曰隱太子友者靈侯之太子平侯立而殺隱太

子故平侯卒而隱太子之子東國攻平侯子而代立是爲悼侯悼侯三年卒弟昭侯申立昭侯十年朝楚昭王持美裘二獻其一於昭王而自衣其一楚相子常欲之不與子常讒蔡侯留之楚三年蔡侯知之乃獻其裘於子常子常受之乃言歸蔡侯蔡侯歸而之晉請與晉伐楚十三年春與衛靈公會邵陵蔡侯私於周萇弘以求長於衛（服虔曰載書使蔡在衛上）衛使史鰌言康叔之功德乃長衛夏爲晉滅沈（杜預曰汝南平輿縣有沈亭）楚怒攻蔡蔡昭侯使其子爲質於吳（正義質音致）以共伐楚冬與吳王

闔閭遂破楚入郢蔡怨子常子常恐奔鄭十四年吳去而楚昭王復國十六年楚令尹爲其民泣以謀蔡蔡昭侯懼二十六年孔子如蔡楚昭王伐蔡蔡恐告急於吳吳爲蔡遠約遷以自近易以相救昭侯私許不與大夫計吳人來救蔡因遷蔡于州來（索隱曰州來在淮南下蔡縣）二十八年昭侯將朝于吳大夫恐其復遷乃令賊利殺昭侯（索隱曰利賊名也）已而誅賊利以解過而立昭侯子朔是爲成侯（徐廣曰或作景）成侯四年宋滅曹十年齊田常弒其君簡公十三年楚滅陳十九年成侯卒子聲侯產

立聲侯十五年卒子元侯立元侯六年卒子侯齊立侯齊四年楚惠王滅蔡蔡侯齊亡蔡遂絕祀後陳滅三十三年索隱曰魯哀十七年楚滅陳其楚滅蔡絕其祀又在滅陳之後三十三年即在春秋後二十三年伯邑考其後不知所封武王發其後爲周有本紀言管叔鮮作亂誅死無後周公旦其後爲魯有世家言蔡叔度其後爲蔡有世家言曹叔振鐸其後爲曹有世家言索隱曰曹亦姬姓之國而文之昭春秋之時頗稱彊國傳數十代而後亡豈可附管蔡亡國之末而没其篇第自合析爲一篇成叔武其後世無所見霍叔處其後晉獻公時滅霍康叔封其後爲衛有世家言冉季載其後世無所見

太史公曰管蔡作亂無足載者然周武王崩成王少天下既疑賴同母之弟成叔冉季之屬十人爲輔拂是以諸侯卒宗周故附之世家言

曹叔世家索隱曰按上文叔振鐸其後爲曹有系家言即曹亦合題系家今附管蔡之末而不出題者蓋以曹小而少事迹因附管蔡之末不别題篇爾且又管雖無後仍是蔡曹之兄故顯管蔡而略曹

曹叔振鐸者周武王弟也武王已克殷紂封叔振鐸於曹宋忠曰濟陽定陶縣叔振鐸卒子太伯脾立太伯卒子仲君平立仲君平卒子宮伯侯立宮伯侯卒子孝伯雲立孝伯雲卒子夷伯喜立夷伯二十三年

周厲王奔于彘三十年卒弟幽伯彊立幽伯九年弟蘇殺幽伯代立是為戴伯戴伯元年周宣王已立三歲三十年戴伯卒子惠伯兕立（孫檢曰兕音徐子反曹惠伯或名雉或名弟或復名弟兕也○索隱曰按年表作惠公伯雉註引孫檢未詳何代或云齊人亦恐其人不註史記所以王儉七志阮孝緒七録並無不知裴駰何所從録）惠伯二十五年周幽王為犬戎所殺因東徙益卑諸侯畔之秦始列為諸侯三十六年惠伯卒子石甫立其弟武殺之代立是為繆公繆公三年卒子桓公終生立（孫檢曰一作終湦湦音生）桓公三十五年魯隱公立四十五年魯弑其君隱公四十六年宋華父督弑其君殤公

及孔父五十五年桓公卒子莊公夕姑立（索隱曰夕音亦即射姑也同音亦）莊公二十三年齊桓公始霸三十一年莊公卒子釐公夷立釐公九年卒子昭公班立昭公六年齊桓公敗蔡遂至楚召陵九年昭公卒子共公襄立共公十六年初晉公子重耳其亡過曹曹君無禮欲觀其駢脅（韋昭曰駢者并幹也○正義曰駢白邊反脅許業反）釐負羈（正義曰釐音僖曹大夫）諫不聽私善於重耳二十一年晉文公重耳伐曹虜共公以歸令軍毋入釐負羈之宗族閭或說晉文公曰昔齊桓公會諸侯復異姓今君囚曹君滅同姓何以令

於諸侯晉乃復歸共公二十五年晉文公卒三十五年共公卒子文公壽立文公二十三年卒子宣公彊立（索隱曰左傳宣公名盧）宣公十七年卒弟成公負芻立成公三年晉厲公伐曹虜成公以歸已復釋之（索隱曰按左傳成十五年晉厲公執負芻歸于京師晉立宣公弟子臧子臧曰聖達節次守節下失節爲君非吾節也遂逃奔宋曹人請于晉晉人謂子臧反國吾歸而君子臧反晉於是歸負芻）五年晉欒書中行偃使程滑弒其君厲公二十三年成公卒子武公勝立武公二十六年楚公子棄疾弒其君靈王代立二十七年武公卒子平公頃立平公四年卒子悼公午立是歲宋衛陳鄭皆火

悼公八年宋景公立九年悼公朝於宋宋囚之曹立其弟野是爲聲公悼公死於宋歸葬聲公五年平公弟通弒聲公代立是爲隱公（索隱曰譙周云春秋無其事今檢系本及春秋悼伯卒弟露立謚靖公實無聲公隱公蓋是彼文自疎也）隱公四年聲公弟露弒隱公代立是爲靖公靖公四年卒子伯陽立伯陽三年國人有夢衆君子立于社宮（賈逵曰社宮社也鄭衆曰社宮中有室屋者）謀欲亡曹曹叔振鐸止之請待公孫彊許之旦求之曹無此人夢者戒其子曰我亡爾聞公孫彊爲政必去曹無罹曹禍（索隱曰離即罹罹被也）及伯陽即位好田弋之事六年曹野人

公孫彊亦好田弋獲白鴈而獻之且言田弋之說因訪政事伯陽大說之有寵使爲司城以聽政夢者之子乃亡去公孫彊言霸說於曹伯十四年曹伯從之乃背晉干宋（賈逵曰以小加大。索隱曰干謂犯也言曹因棄晉而犯宋遂至滅也裴氏引賈逵註云以小加大者加陵也小即曹大謂晉及宋也）宋景公伐之晉人不救十五年宋滅曹執曹伯陽及公孫彊以歸而殺之曹遂絕其祀

太史公曰（索隱曰檢諸本或無此論）余尋曹共公之不用僖負羈乃乘軒者三百人（正義曰晉世家云晉師入曹數之以其不用僖負羈言而美女乘軒三百人也）知唯德之不建及振鐸之夢豈不欲引曹之祀者哉如公孫彊不脩厥政叔鐸之祀忽諸（正義曰至如公孫強不脩霸道之政而伯陽之子立叔鐸猶尚饗祭祀豈合忽絕之哉）

索隱述贊曰

武王之弟　管蔡及霍
周公居相　流言是作
狼跋致艱　鴟鴞討惡
胡能改行　克復其爵
獻舞執楚　遇息禮薄
穆侯虜齊　蕩舟乖謔
曹共輕晉　負羈先覺
伯陽夢社　祚傾振鐸

史貳阡伍伯捌拾捌字。註壹阡叄伯柒拾柒字

管蔡世家第五　史記三十五